D1718677

Jörg Kräuter

WortakroBadisch

Aus dem Tagebuch des Homo Badensis

„Man sieht nie das Ganze, sondern nur eine Seite,
also bestenfalls die halbe Wahrheit (...)
Die Silhouette sagt sehr viel mit sehr wenig Information."

Kara Walker

Kehre ein und kehre rein, so soll der gute Badner sein.

Aus meinem Spruchbeutel

Inhalt

Monseigneur Silhouette und Herr Kräuter

Links sehen Sie Étienne de Silhouette (5. Juli 1709 in Limoges; † 20. Januar 1767 in Bry-sur-Marne). Er war Französischer Generalkontrolleur der Finanzen unter dem 15ten Ludwig. Nach ihm sind Schattenrisse (Silhouetten) benannt, da aufgrund seines Geizes Schattenbilder (Scherenschnitte) statt Ölgemälde die Wände seines Schlosses zierten. Rechts daneben sehen Sie den Autor, der das Buch mit seinen Schattenbildern (Messerschnitten) illustriert hat.*

Vorworte

Baden, das 5te Viertel vom Deutschen Ganzen, liegt zwischen Mannheim und Lörrach, Kehl und Meßkirch. Erst das fünfte Viertel vollendet das Ganze. Mit Mathematik lässt sich vieles erklären. Baden jedoch nicht.

Aus meinem Spruchbeutel

„Herr Kräuter, schreiben Sie doch mal einen Krimi.
Wer Badische Krimis schreibt, der findet seine Leser!"
„Mir wär's eigentlich lieber, die Leser würde mich finde!"

Aus meinem Spruchbeutel

Das Edelste was je gebrannt, das kommt aus unserm Badnerland!

Aus meinem Spruchbeutel

Wir schreiben das Jahr 1726. Die Ortenauer Bauern erhalten durch die Straßburger Fürstbischöfe das verbriefte Recht, Edelbrände zu destillieren. Seither ist die Ortenau eine Hochburg der Produktion von Edelbränden. Seit 1949 treffen sich im Badischen die globalen Schnäpsler zur weltweit größten Prämierung von Schnäpsen.

Es mag eine Schnapsidee sein, aus der Maische meiner über Jahrzehnte gereiften Gedanken – über die Region und ihre Menschen – dieser Maische aus satirischen Texten, Glossen und Liedern ein Destillat zu gewinnen. Doch hat sich schon bei der Gärung gezeigt, dass alsbald aus meinen Gehirnwindungen ein geistreicher Brand tröpfelte, der meinen Worten einen leichten Schwips verliehen hat.
Man möge mir verzeihen, dass es bei den Kapiteln gegen Ende des Buches etwas gelöster zugeht und meine Betrachtungen etwas schwankend werden.

Ich ziehe den Vorhang ein wenig auf. Licht fällt auf die ersten Worte. Die Vorworte. Es ist das Einleuchten der Kapitel. Die Mikrophon-Probe, würde man bei einem Konzert sagen. Tonprobe ist auch ein schönes Wort für dieses Vorspiel, sofern man die Sätze laut liest. Tonprobe sagen die Gestrigen,

Badensis Spiritus Sanktus

von denen ich einer bin. Die Heutigen sagen Soundcheck. Er dient dazu, den Klang der Worte aufeinander abzustimmen.

Ich lese meine Vorworte gerne laut, immer wieder und wieder, um die Klanggestalt zu erkennen. Um zu hören, in welcher Tongestalt die Worte zum Leser kommen. Ob sie ohrgerecht tönen und in seinem Kopfgehäuse wohl klingen. Dazu gibt es Vorworte.

Bevor man in eine größere Stadt einfährt, fährt man durch die Vororte. Bevor man sich mit seiner Liebsten oder seinem Liebsten vergnügt, ist man beim Vorspiel zärtlich. Und bevor man große, weite Texte schreibt, schreibt man zur Einleitung die Vorworte. Danach zieht man den Vorhang ganz auf.

Fragen Sie ganz ungeniert

„Herr Kräuter, Sie legen uns hier ein Buch über ihre Heimat vor, den Badischen Teil des Südweststaates. Nehmen Sie dabei den Homo Badensis auf die Schippe?"

„Die Schippe suchen Sie in Baden vergeblich. Der Homo Badensis arbeitet mit einer Schaufel. Meine Schaufel ist recht groß, denn ich habe viel zu bewegen. Ich grabe tief. Und doch ist es eine heitere, dann wieder ernsthafte Grabung geworden. Wenn Sie so wollen, grabe ich mit meiner Schaufel in mir und in der Region."

„Was suchen Sie?"

„Den Homo Badensis. Vor allem in mir. Sich selbst zu entdecken, ist ein großes Abenteuer. Vielleicht das letzte große Abenteuer in dieser größtenteils entdeckten Welt. Wer bin ich? Bin ich der, den ich mein', oder bin ich der, der ich gern wär'? Woher komme ich, wohin gehe ich und wer steht mir im Weg rum. Wer sind die Anderen und warum sind die nicht so wie wir sie gerne hätten? Selbstredend gibt es ‚den Badener' nicht. Ich schreibe über meine kleinen Entdeckungen an ihm und in ihm. Ich suche nach den kleinen homöopathischen Dosen, die ihn von Anderen unterscheiden. Wo ich Eigenartigkeiten vermute, schaue ich genauer hin. Und dann grabe ich tiefer.

Eines vorneweg: Dies ist keine Gebrauchsanleitung Badener zu werden! Bleiben Sie als Zugezogener wer sie sind. Versuchen Sie nicht etwas zu werden, was wir Hiesigen in seiner ganzen Tragweite selbst nicht verstehen."

„Wer sind die Akteure in Ihrem Buch?"

„Die eigene Familie, hier zuallererst meine liebe Traudl und mein Schorschi, der Sprössling, auch Sporling genannt, oder wie der väterliche Volksmund zu sagen weiß, ‚de Jung'.
Dazu all diejenigen, die mir nahe sind und über die ich etwas zu sagen weiß. Freunde, Verwandte, Nachbarn, Unbekannte, Mücken, Kaffeetassen, Klischees..."

Jörg Kräuter. Ein Homo Badensis

1952 wurde durch den Zusammenschluss der Länder Württemberg-Baden, Baden und Württemberg-Hohenzollern das Bundesland Baden-Württemberg gegründet. So ganz für sich, also fast im Geheimen, existieren Württemberg, Hohenzollern und vor allem Baden weiter. Jeder Baden-Württemberger hat seine eigene Scheinhauptstadt. Baden hat gleich zwei davon. Karlsruhe und Freiburg.

Ich bin in den Badischen Gazastreifen hineingeboren. Ins Badisch-Schwäbische Grenzgebiet. Im Murgtal bin ich aufgewachsen, dort wo über dem Berg „de Schwob" steht.

Der Grenzstein zwischen dem Regierungspräsidium Karlsruhe und dem Regierungspräsidium Stuttgart steht an der L 564 zwischen Gernsbach und Loffenau und wird bis heute, immer mal wieder, von renitenten Schwaben ein paar Meter versetzt. Anscheinend handelt es sich um die Nachwehen dieser über Jahrhunderte dauernden Grenzstreitigkeiten zwischen Kleinstaaten, die glücklicherweise durch Napoleon eine vorläufiges Ende gefunden haben.

Mein Dialekt verrät mich. Stellt mich bloß, ortet mich sprachlich. „Oh je, en Murgtäler!" Ich kriege ihn nicht aus dem Hals, diesen Murgtälerdialekt. Zuweilen fühlt er sich an wie vereiterte Mandeln, dann wieder wie gebrannte. „Mir hän en Dialekt, der wo zum Spreche eigentlich net geeignet isch!"

Viele Badische Auswanderer sprechen fließend fremde Sprachen, und doch ist die Ursprache, der Geburtsdialekt herauszuhören, wie eine überdosierte Prise Muskat im Kartoffelbrei.

Auch ich bin ein Auswanderer, einer, der aus dem Murgtal in die Rheinebene umgesiedelt ist und seinen Murgtäler Dialekt wie ein schweres Möbelstück mitgeschleppt hat. Ein Dialekt wie ein Kleiderschrank.

Dass ich ein Badener, ja ein Murgtäler bin, ist an optischen Merkmalen nicht fest zu machen. Obwohl Geologie und Physiognomie in einem ursächlichen Zusammenhang stehen, bin ich nicht eindeutig als Murgtäler zu erkennen. Ich frage mich oft, sehen Hamburger anders aus als Freiburger? Können wir die geographische Zugehörigkeit in der Physiognomie eines Gesichtes erkennen? Die von Sonne und Meer gegerbte Gesichtslandschaft einem friesischen Fischer zuordnen und den schrundigen Faltenwurf einem Freiburger Fußballtrainer? Die Geologie eines Schwarzwaldtales im Gesicht eines Menschen zu erkennen, setzt einen extrem geschulten Blick voraus. Den Schwaben vom Badener

Murgtäler Hausziege

zu unterscheiden ist eine ethnologische Herausforderung. Den Nordbadener vom Südbadener zu unterscheiden bedeutet lebenslanges Forschen. Einen Unter-Bühlertäler von einem Ober-Bühlertäler optisch zu unterscheiden möchte man niemandem zumuten.

Eine Geschichte der Ziegen

Im Murgtal, dieser Bergregion, die man gemeinhin in die Deutschen Mittelgebirge einreiht, fällt dem Besucher schnell auf, dass es sich durchaus um ein alpines Gelände handelt, das nicht umsonst von Literaten als Badische Schweiz beschrieben wurde. Vielleicht waren die schreibenden Landschaftsbetrachter auch auf dem Weg in die Schweiz und sind bei Rastatt versehentlich ins Murgtal abgebogen und wähnten sich spätestens bei Langenbrand unter den Eidgenossen. Steht man mit nackten Füßen im gletscherkalten Eiswasser der Murg und bestaunt die senkrecht aufragenden Felspfeiler des mittleren Murgtals, so braucht es nicht viel Fantasie, bis das Alpenglühen über Bermersbach aufzieht. Zwischen Hilpertsau und Huzenbach, wo sich die Ortsnamen nach beginnenden Bronchialkatarrhen anhören, andererseits der müde Wanderer zur Rast im lauschigen Kirschbaumwasen ruht, liegt tief in den Fels geschnitten, das Mittlere Murgtal.

Wild und schroff, als sei das Werk nicht ganz vollendet, scheint hier die Schöpfung mit großer Kraft und brachialer Wucht vorgegangen zu sein. Sehr gewagt und nur im Ansatz gelungen. Man hätte die Winkel der Flanken gemäßigter gestalten können. Aber gut, so ist es geworden und auch reizvoll auf seine Art. Die Menschen hier im Tal und in den Weilern der Berghänge haben es so genommen wie vorgefunden und das Beste daraus gemacht. Was im Weg lag, wurde weggeräumt und der Schwarze Wald, der sich bis in den Talschrund hinunterzog, gerodet.

Der Menschenschlag der Murgtäler, mit ihrem kantigen Wesen und ihrer robusten Motorik, hatte sich im Laufe der Jahrhunderte der Landschaft angepasst. Wie sollte es auch anders sein. Das finden wir auch andernorts und ist wohl dem göttlichen Gesetz geschuldet. Ob man es Schöpfung nennt oder Natur. Die gestalterische Kraft hat hier ganze Arbeit geleistet. Sie fügte Land und Leute zu einem, und so zeigten sich alsbald in den mürrischen Gesichtern der Murgtäler, die Felsnasen der Felswände.

Doch hatte auch der Murgtäler Mensch seinen Beitrag eingebracht, nach bestem Wissen und Vermögen, mit schrundiger Pranke die harzige Tanne zur

Strecke gebracht, zu Flößen gebunden und die Flussläufe hinuntergeschifft bis Rotterdam. Und so mancher Murgtäler Mast ist in den Stürmen ums Kap Hoorn zu Bruch gegangen. So robust sind die Murgtäler auch wieder nicht. Und doch stehen sie bis heute aufrecht, stolz und fest wie Tanne und Fichte im geselligen Gemeinwesen. Sie haben ihre Erde gepflügt, die Wiesen mit Mühen gesenst, damit die schlauchigen Täler mit ihren satten Matten bis fast hinauf zur Badner Höhe für Mensch und Tier von Nutzen sind. Mitten drin die putzigen Hütten voll Heu für ihre Ziegen, Kühe und Schafe. Und als der Fremdenverkehr ins Murgtal steuerte, da waren die Hüttchen Postkartenmotive geworden.

Doch blieben Wald und Wiese, Strauch und Hecke nicht in ihren Schranken und lustig wuchs das ganze Panorama zu. Die ganze Idylle. Die Häuschen verfielen und das dunkle Rot der Ziegel wurde matt.

Der Murgtäler war der mühseligen Senserei müde und es fehlte ihm die Zeit und auch die Lust, denn er war am Tage in Langenbrand und Weisenbach beim Papierschöpfen oder fuhr mit dem Fahrrad nach Gaggenau ins Benzwerk, um seinen Unimog zu montieren.

Dafür bekam er Geld, kaufte seiner Murgtäler Traudl rote Schuhe und sich zwei neue Krawatten. Vom Rest einen Mercedes. Da blieb fürs Sensen wenig Zeit und lästig sind Krawatten wie rote Schuhe allemal in steilen Flanken.

So sah es dann irgendwann im einst so schönen Murgtal aus wie gut gemeint, doch nicht gelungen. Zu Ende gebracht war kaum etwas, und wer mit seinem Auto die B 462 das Murgtal hinauffuhr, dem wucherten die Brombeeren übers Gesichtsfeld.

Nun waren und sind die Murgtäler zwar von harziger Natur, doch auch von windigen wie wendigen Gedanken. Man dachte geschickt nach vorne, nach hinten und nach allen Seiten. Man könnte ja auch andere für sich arbeiten lassen, was der menschlichen Natur durchaus gegeben ist, und die gesamte Menschheit hindurch begleitet uns die Fremdarbeit wie Läuse und Flöhe.

Von Flöhen zu Ziegen ist es ein weiter Weg, doch weiß man hier im Tal die langen Wege zu nehmen. Also waren da bald wieder die Ziegen auf den steilen Wiesen und weideten die Wiesen frei. Die Murgtäler liebten ihre Ziegen, ganz im sittlichen Verständnis, sorgten, pflegten und hegten, machten sie zur Attraktion für die Gäste, legten Ziegenwege und Ziegenpfade an und lehrten die vielen großen und kleinen Besucher das Leben der Ziegen. Man kam sich näher, Mensch und Tier, entdeckte Ziegenkäse, und mancher dieser Landschaftspfleger benahm sich wie Ortsvorsteher oder Stadtgärtnermeister, und sie setzten ihre Interessen mit gestelltem Gehörn durch.

Sie hatten sich gefunden, die Höheren und die Niederen, die Gehörnten und die schön Frisierten. Zum gegenseitigen Nutzen. Und so war es, wie man heute im Trend der globalen Wortwahl spricht, eine „Win-Win-Situation", vielmehr eine „Win-Win-Begegnung."

Wie oft begegnen wir Hund und Herrchen und auf einen Blick wird deutlich, wie im Laufe der Zeit der Gang wie das Gesicht sich gleichen und sich bei beiden das gleiche Wesen zeigt.

So war's dann auch im Tal der Murg. Die Ziegen wurden menschlich und die Menschen wurden ziegisch, ja zickig. Und so kam eben zu all den eitlen Pfauen, den alten Eseln, den Hornochsen noch die nutzbringende Ziege hinzu. Das Ziegenhafte der Menschen im Mittleren Murgtal wurde augenscheinlich, wenn auch erst im Laufe vieler Jahre.

Wir finden heute die relativ robust gebaute „Murgtäler Rasse" mit ihren kräftigen Gliedmaßen. Kontrastierende Bereiche satt wuchernder Körperbehaarung am Rücken oder im Gesicht. Auffällig ist ein Bart, der bei den Männlichen deutlich länger ist und je nach modischem Trend als geschniegeltes Accessoire getragen wird. Der Ziegenbart.

Sie erreichen eine Kopf-Rumpf-Länge von 1,0 bis 1,8 Metern, der Schwanz ist 10 bis 20 Zentimeter lang und die Schulterhöhe kann bis 150 Zentimeter betragen (siehe „Bermersbacher Riese"). Das Gewicht variiert zwischen 70 und 150 Kilogramm. Beide Geschlechter tragen Hörner, diese weisen aber in Form und Länge einen deutlich Geschlechtsdimorphismus auf. Die Hörner der Weiblichen bleiben unter Haarpracht oder Kopftuch verhüllt, den Männchen werden sie je nach Anlass aufgesetzt.

Die Murgtäler sind dämmerungsaktiv und gehen nach wie vor am frühen Morgen oder am späten Nachmittag in die Papierfabrik oder ins Gaggenauer Benzwerk. Auch in den vielen mittelständischen Handwerksbetrieben finden wir sie. Geschickt im Umgang mit Werkzeug und Computer, genau wie ihre paarhufigen Spiegelungen, die enorme Geschicklichkeit in der Motorik aufweisen.

Die Murgtäler Hausrasse lebt mit ihrem Nachwuchs im gemütlichen, teils aus heimischen Rohstoffen gezimmerten Einfamilienstall, der liebevoll mit Geranien verschönt ist. Das umsäumende Rasengelände wird jedoch nicht mehr nach Ziegenart abgeweidet, sondern je nach Größe mit Aufsitzmähern oder Handmotormähern kultiviert (siehe „Landschaftspfleger").

Die Murgtäler stehen in ihren hauswirtschaftlichen Fähigkeiten keiner anderen Rasse nach. Im Gegenteil. Das raue, mit Sonnenlicht sparsam gesegnete Murgtal hat aus ihnen ein leistungsfähiges und mit allen Wassern gewaschenes Muttergeschöpf gemacht. Was die „Unzhurster Landrasse" an Schnelligkeit und Ausdauer vorzuweisen hat, zeichnet die „Murgtäler Hausrasse" durch Kraft und Reaktion aus.

Die Jungen sind scheu, stellt man sie gegen eine Herde „Frankfurter Stadt-kids". Auch hier finden wir Parallelen und Belege, wie die Natur ihr Wesen aufgrund landschaftlich-klimatischer Unterschiedlichkeiten zueinander führt. Ist das scheue Kleine auf der Murgtäler Weide vom kreisenden Bussard bedroht, so ist es sein Frankfurter Kamerad durch konsumorientierten Medienkonsum. Aber auch das beschauliche Murgtal ist kein medienferner Raum, jedoch wird der Empfang von Ätherwellen in den tiefen Schrunden des Tales erschwert. Auch hier sorgt Mutter Natur liebevoll und hingebungsvoll für natürliches Gedeihen.

Im Haushalt, Beruf und Freizeit ist die „Murgtäler Rasse" ein multifunktionales Arbeitsgeschöpf, das Beruf und Familie unter ein Gehörn zu bringen weiß. Und nicht selten finden wir sie in den festlich geschmückten Zelten der Murgtalgemeinden. Als Unterhaltungsziege hinter Mikrofon, an Posaune, Akkordeon oder Schlagzeug.

Ich darf sagen, dass ich zwar schon in den 80er Jahren mein Gernsbacher Weideumfeld verlassen habe, um zwischen Rhein und Reben neue Weidegründe zu finden, doch ist mir das von Murgtäler Urbanität geprägte Ziegenhafte geblieben.

Meine Wege haben sich gekreuzt mit einer der „Ulmer Rheinrasse", die mir stets aufs Neue meine Ansicht bestätigt, dass uns die Natur gestaltet, so wie auch wir die Natur gestalten. Traudl hat ein in sich ruhendes wie stattliches Wesen, dessen Gemecker mir oft wie Musik in den Ohren liegt und dessen Sprunghaftigkeit mich an „Äthiopische Hüpfziegen" erinnert.

Kleine Geschichte Badens, ein historischer Slapstick

Es ist ein weiter Weg, von den unsteten Nomaden, die mit Steinwerkzeugen dem flüchtigen Wild nachstellten, bis hin zu den Bauern und Städtern von heute.

In den Höhlen der Schwäbischen Alb und den Lössgebieten am Hochrhein finden wir die Rast- und Kultplätze unserer Vorfahren, an dessen Fundorten sich heute Rastplätze mit Namen wie „Rössel", „Schwanen" oder „Hirsch" befinden, eine Autobahnraststätte oder ein Picknick-Areal.

Man fand in Süddeutschland, im benachbarten Schwaben, die Ur-Trompete aus Elfenbein, ohne die die Blasmusik in Baden undenkbar wäre. Dort fand man auch jene aus Mammutknochen geschnitzte Ur-Traudl vom Hohlen Fels, die sich in Form und Fülle bis dato kaum verändert hat. Und mit großer Wahrscheinlichkeit hatten jene Schwäbische Schönheit mit dem Prachthintern eines Nilpferdes, und der aufrechte Badische Homo Heidelbergensis ein Techtelmechtel, sonst wär es ja nicht Jahrtausende später zur Vereinigung von Baden und Württemberg gekommen.

Fahren wir heute durch die Maisplantagen Badens, durch die Monokulturen von Getreide, Raps und Erdbeerfrucht, so sind dies die Überreste der vor 6.000 Jahren aus dem vorderen Orient stammenden Ackerbaukulturen. Noch heute kommen Erntehelfer aus diesen fernen Ländern in unsere Region. Die steinzeitlichen Nomaden wurden zu sesshaften Bauern, rodeten den Wald, und das Bild der Landschaft veränderte sich. Die Sesshaftigkeit der Hiesigen finden wir noch heute bei den zahllosen Weinfesten, Grill-Events und Weihnachtsfeiern, bei denen Unmengen Met und Rieslingschorle getrunken werden.

Auf den wilden Wassern der Donau erreichten uns Kupfer und Bronze aus dem Orient. Jahrtausende später ziehen auf diesen alten Handelswegen Karawanen von Flüchtlingen aus dem Orient und aus Afrika ins Badische. Handwerkerstände entstanden im vorchristlichen Jahrtausend und mühen sich bis in unsere Tage in stetem Kampf um Auftragslage, Steuerbelastung und Facharbeitermangel.

Mitte des vorchristlichen Jahrtausends besiedelten Kelten unsere Region, die alsbald von Germanen und Römern vertrieben wurden. Der römische Limes verleibte zweieinhalb Jahrhunderte lang Süddeutschland dem Römischen Reich ein, bis die Germanen alles kurz und klein schlugen und die Römer Richtung Rimini zurückdrängten. Seither kennen wir Badener diesen Badeort, an den wir aber erst in den 50er- und 60er-Jahren des 20. Jahrhunderts pilgerten. Zuerst mussten wir uns mit Alemannen und Franken herumschlagen. Die kamen auf ihren kriegerischen Betriebsausflügen hier in der Region durch, fanden es landschaftlich wie klimatisch „subber" und blieben. Die Alemannen waren eine echte Landplage. Wie Misteln klammerten sie sich an die Badischen Pappeln und bis heute haben wir sie im Süden Badens am Hals.

Im Mittelalter gab es hierzulande dann die ersten Städte und Märkte. Auch das hat sich gehalten. Doppelhaushälfte und Wochenmarkt. Jeden Samstag und Montag haben wir in meiner neuen Heimatstadt Bühl einen Markt, wo Franken, Alemannen, Römer, Italiener, Türken und Taiwanesen ihre Produkte anbieten. Handwerk und Handel blühten, der Warenverkehr bekam immer größere Bedeutung. Auf den ausgefahrenen Wegen der späteren A5 durchs Rheintal gab es noch keinen Stau, denn die Fuhrwerke waren nicht sehr geschwind unterwegs, was die Staubildung in Grenzen hielt. Wegezoll wurde verlangt, und diese Tradition findet heute ihre Fortführung in der Maut.

15

Wer im Badischen das Sagen hatte und wie die Badener durch die markgräfliche Obrigkeit ausgequetscht und vorgeführt wurden, das füllt andere Bücher, die bereits geschrieben sind und in den Buchhandlungen und Bibliotheken unter K zu finden sind. Krimis.

Die Kirche blieb zwar stets im Dorf, aber das Dorf zog ständig um. Ob Dreißigjähriger Krieg oder Hungersnöte, bei uns war alles im Angebot. Montags war man katholisch, dienstags evangelisch, mittwochs ist man von einem Wellnessorden eingeseift worden und war Vegetarier. Donnerstags hat man sich in ein Mädel aus dem Nachbardorf verliebt.

Nun war die aber katholisch und hatte Fleisch gegessen. Es war ein heilloses Durcheinander, bis Napoleon endlich aufgeräumt hat. Voilà! Seither sind die Badener für ihre Ordnungsliebe bekannt, die auf der gestrengen Härte des

Ohne Worte

Badischen Betonkopfes basiert. Vom Beton weiß man, sobald er abbindet, schrumpft die Masse. So gesehen ist der Badische Betonkopf ein Schrumpfkopf. Den gibt's hierzulande in zwei Varianten. Den Kalbskopf und den Querkopf, wobei der Kalbskopf bei uns im kulinarischen Süden beliebter ist. Wenn bei einer Bürgermeisterwahl ein Kalbskopf und ein Querkopf zur Wahl stehen, gewinnt meistens der Kalbskopf. Manchmal kandidiert auch ein Fischkopf. Wird dieser dann Bürgermeister, so müssen das die Eierköpfe von der Verwaltung ausbaden. Da fragt sich dann so mancher von diesen Schwachköpfen: „Was für Holzköpf' hän denn den Fischkopf zum Betonkopf g'wählt." Die Industrialisierung brachte große Veränderungen. Auch dies ist heute noch zu spüren. Der Rhein wurde, Tulla sei Dank, begradigt, und so kann man heute vom Ausflugsboot aus die Badener beobachten, wie sie mit der Insektenspritze durch die Rheinauen stapfen, um die Schnaken zu bekämpfen. Auf der anderen Seite sitzen die Elsässer vor ihrem Flammkuchen, dessen käsfüßges Aroma selbst die invasiven und gefräßigen Tigermücken abdrehen lässt.

Was uns an Bodenschätzen fehlt, machen wir durch Erfindungsreichtum, Geschicklichkeit und Fleiß wett. Wir haben das Fahrrad erfunden, leider aber vergessen, die Pedale und die Tretlager zu erfinden. Den Benz haben wir erfunden, und allmählich wurden wir zu dem, was wir heute sind. Ja, wir sind im Deutschen Bunde das fünfte Viertel. Mit Glanz und Gloria. Den Diesel hat ein Rudolf erfunden, ein Französischer Bayer. Wir haben das damals schon gewusst, dass im Jahre 2016/17 der ganze Betrug im Zusammenhang mit dem Diesel auf den Tisch kommt und haben diese Erfindung erst gar nicht gemacht.

Dann gab es Kriege, auch hier wurden wir wacker geschlagen. Wir haben uns nach Herzenslust gewehrt, aber meist standen wir auf der falschen Seite, bzw. die Seiten waren verdreht. Heute weiß das keiner mehr so genau und will es so genau auch nicht mehr wissen. Gras ist schnell über die Ruinen und den Schutt gewachsen, der Bärlauch hat sich der alten Bunkerstellungen entlang des Rheins angenommen und nicht lange hat's gedauert, da nannten wir unsere Landschaften wieder lieblich.

Unwohl und kränklich, siech und leidend, auch das kennen wir, und unseren Vorfahren war das Hypochondrische nicht fremd. Die Römer haben die hiesigen Thermalquellen gefasst und Badewannen im ganzen Land aufgestellt. Sie mussten gewusst haben, dass wir Jahrhunderte später ein Volk von Schaffern sind. Da wird dann samstags gebadet. Vom Schaffen ist es nicht weit zum Burnout. Der gehört bei uns inzwischen zum guten Ton, genau wie der Furz zur guten Verdauung.

Den Künsten wohl gesonnen, ist diese Region eine bunte, reiche Palette. Die Musen schwärmen hier aus wie Schnaken und küssen sich durch die Ateliers, Konzerthäuser und Museen. So ist es eine glückliche Fügung, dass auch in meiner Schreibstube die Musen vorbeischweben und den einen oder anderen Schmatzer zurücklassen, aus dem nun dieses Buch entstanden ist.

Heimatkunde

Geographie heißt es heute, zu meiner Schulzeit hieß es Erdkunde. Wir Hauptschüler sagten „Erdkäs" zu dem Fach. Ein Unterfach war die Heimatkunde. (Ach wie doch alles wieder kommt. Im zähen Ringen um eine große Koalition Anfang 2018 gab's letztendlich den Innenminister Seehofer, der für die Heimat zuständig sein soll, also ein Heimatminister, der uns die Heimatkunde lehrt.) Zu meiner Schulzeit sprudelten in diesem Fach all die Quellen, die mein Wissen über die Heimat speisten und heute noch speisen.

Lebenslange Begleiter aus Kindertagen können Teddybären sein, Spielzeugautos, Gesangbücher, Haarsträhnen, Sporturkunden... All dies sind Reliquien der Heimat. Meine Reliquie, mein Wissens-Quell, mein Begleiter seit nun schon fünf Jahrzehnten, ist mein Kleiner Weltatlas. Um ihn genau zu benennen: „Harms Kleiner Weltatlas für Baden-Württemberg, Best.- Nr. 1333, List Verlag." Bestellt und gekauft im Schreibwarengeschäft F. H. Leunig in Gernsbach, wo ich zur Schule ging.

Die Grundschule stand hoch über der Murg, wie eine Burg. Wer hinaufsah, dem konnte sie Mores lehren. Aus diesem Grund hatte man sie auch dort hingestellt. Und da für die Hauptschule noch einiges mehr an Mores verlangt wurde, war diese folgende Bildungseinrichtung nochmal weiter oben am Berg gebaut: Das alte Gymnasium, in dem die Hauptschüler kaserniert waren. Vielleicht hatte das damalige Schulamt die Hoffnung, die Hauptschüler könnten noch etwas vom alten Gymnasium-Geist profitieren.

In diesem Gebäude fand nun mit Hilfe meines kleinen Weltatlas' die Unterrichtung der Welt und speziell meiner Heimat statt. Bis heute schlage ich in meinem zerfledderten Heimathelfer nach, wenn ich zum Beispiel etwas über Dorfformen wissen will. „Haufendorf, Weiler, Rundlinge, Straßendorf..." Jahrtausende Heimat, schwarzweiß, in übersichtlicher Kürze, Heimat für Hauptschüler. Der Kraichgau, der Hegau....Böden und Bodenschätze, der Ichthyosaurier aus Holzmaden, Landwirtschaft, Bergbau und Industrie, Flurbereinigung, „Was in unserm Land wächst"... und was nicht, Klima, Wetter, Wasser und jede

Menge Statistik. Länge der Murg: 70 km. Frosttage in Baden-Württemberg: Karlsruhe: 208. Berghöhen: Merkur 670 m.

Freiburg hatte 1964 eine Einwohnerzahl von 150.450, heute sind ein paar dazugekommen. Die Seite „Sehenswürdigkeiten unserer Heimat" ist besonders aufwändig gestaltet. Altdeutsche Schrift und kleine Zeichnungen der besonders sehenswerten Orte. Ausschließlich Kirchen, Wehrtürme, Schlösser, Burgen. Da war mir klar, dass ich in einem Land von Pfaffen, Rittern und Feudalherren lebe. Gut zu wissen, um sich politisch zu orientieren.

Dann sind unsere Nachbarn beschrieben und bebildert. Einfache Skizzen, nicht sehr beeindruckend und einladend, das Straßburger Münster eher dilettantisch gezeichnet. Die Texte befassen sich mit dem, was die Nachbarn mehr, besser oder anders haben, aber das ist nicht viel.

Die Geschichte meiner Heimat ist in vier Karten auf einer Seite abgehandelt. Römer, Alemannen, Burgen und Klöster, Reichsstädte und wichtige Residenzen, und schließlich der Zusammenschluss von Baden und Württemberg. Das kann man sich gut merken.

Dann folgt Deutschland und die Welt. Norddeutschland, West- und Mittelpolen ist zum Aufklappen, Süddeutschland auf einer Doppelseite mit viel braun; Alpen. Die gehören aber nicht zu uns, genauso wie ganz unten über der Legende „Jugoslawien". Die Insel „Krk" habe ich rot umkreist. Rechtschreibfehler! Auf den folgenden Seiten die europäische Welt und hintendran der Rest.

Beliebte Seite (sehr abgegriffen): Die Übersicht mit den Staaten der Erde und unten die wichtigsten Flaggen (42 Stück). Sogar Island (rotes Querkreuz, weiß umrandet auf blauem Hintergrund). Hier steht die Bemerkung aus den 60er-Jahren. „Vulkanrot von Schnee umgeben vor Mehrblau." Mehrblau habe ich in dieser unkorrekten Schreibweise zu Papier gebracht, weil ich schon damals versucht habe, logisch zu denken und beim Malen von Mehren muss man mehr Blau verwenden als bei Zwetschgen.

Dann bin ich auch schon durch. Hinten auf dem Buchdeckel noch der Ausblick. Sonnensystem und Sternenhimmel. Bis heute kann ich Sonnenfinsternis, Mondfinsternis und Bahn der Erde um die Sonne erklären.

Bisher habe ich gezögert, mein durch diesen kleinen Weltatlas erlangtes Wissen öffentlich einzugestehen, aus Scham, dass ich meine Informationen über Land und Leute meiner Heimat aus einem Schulbuch für Hauptschüler bezogen habe und bis zum heutigen Tag beziehe.

Stets habe ich darauf geachtet und es auch vermocht, dem banalen Wissen einen intellektuellen Glanz zu verleihen, in dem ich mein schauspielerisches Talent dergestalt nutzte, die schlichten und überschaubaren Fakten wortreich in Szene zu setzen.

Badische Amöbe

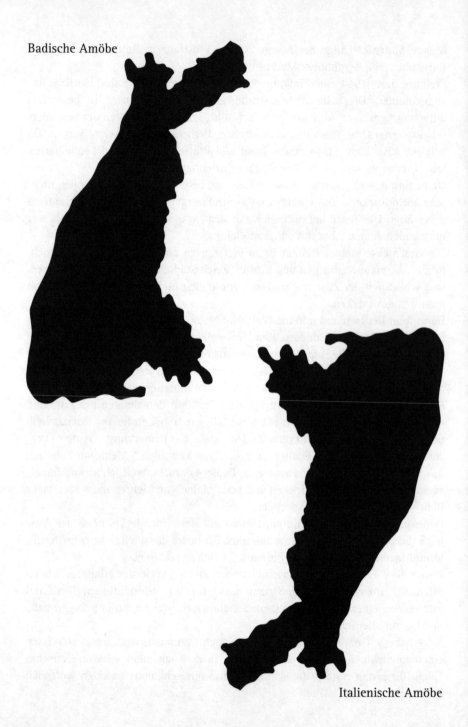

Italienische Amöbe

Was ich sonst noch weiß und Tag für Tag erfahre, ziehe ich aus meinem Erbgut, aus Tausenden von Kilometern, die ich mit den Eltern durch die Heimat gewandert, um genauer zu sein, gewandert geworden bin. Heute wandere ich aus freien Stücken. Mit Traudl. Der musste ich allerdings das Wandern erst beibringen. Sie stammt aus Greffern und dort fährt man lieber mit dem Schiff oder mit dem Ruderboot. Wir kennen alle zur Genüge den Fahrtwind, der bei Fahrten mit dem Rad oder dem Auto entsteht. Meist verbläst dieser Wind die kleinen Beobachtungen an Mensch und Landschaft. Der Wanderwind hingegen ist so gering, dass er all jene Beobachtungen zulässt, die man beim Gehen machen kann. So gehört meine Sympathie dem Wanderwind.

Gestern habe ich von Traudl, Schorschi und mir einen Schattenriss geschnitten. Traudl hatte zuvor einen verjüngenden Schnitt angemahnt, Schorschi etwas mehr Schwung in der Frontwelle. Für mich habe ich einen realistischen, kantigen Schnitt gewählt.

Traudl: „Schatz, gib mir mol s Messer, ich muss bissl nachschneide!"
Schorschi: „Vadder, geb mir mol 10 Euro, ich muss zum Frisör!"
Dann habe ich einen Schattenriss von Baden-Württemberg angefertigt, Württemberg aber weggeschnitten, so dass nur Baden übrig blieb. Auch dies war verblüffend. Baden sah aus wie eine Amöbe. Amöben sind vielgestaltige Einzeller, die keine feste Körperform besitzen, sondern durch Ausbildung von Scheinfüßchen (Pseudopodien) ihre Gestalt ändern. Amöben sind eine Lebensform, keine Verwandtschaftsgruppe. Badisch ist auch eine Lebensform, wenn Sie so wollen, eine autonome Zelle.

Scheinfüßchen finden wir im Norden bei Mannheim und Weinheim. Im Osten bei Pforzheim, im Süden bei Konstanz. Im Westen finden wir keine Scheinfüßchen, da fließt der Rhein. Dort finden wir höchstens Altrheinfüßchen bzw. Altrheinärmchen. Traudl, Schorschi und ich leben im Westen, dort wo die Badische Amöbe keine Scheinfüßchen ausbildet. Dies gilt nur für die Gegenwart, da Amöben jederzeit ihre Gestalt ändern können. Meine Badische Amöbe ist, wenn ich sie auf dem Schreibtisch betrachte, in ihrer Form derzeit recht konstant. Akut formstabil könnte man sagen. Dies war aber nicht immer so, denn genau wie die Amöbe hat Baden im Laufe vieler Jahrhunderte immer wieder seine Gestalt verändert, also Scheinfüßchen ausgebildet.

Vor mir auf dem Schreibtisch liegen nun die drei Profile von Traudl, Schorschi und mir, sowie die Badische Amöbe. Mir fällt auf, dass unsere Silhouetten ebenso eine gegenwärtige Form besitzen, denn so sahen wir nicht immer aus und so werden wir nicht immer aussehen. Da werden sich im Laufe der Jahre noch einige Scheinfüßchen ausbilden.

Schorschi

Der Autor

Warzen, Pickel, Falten, Hohlwangen, fliehende Stirnen, markante Kinnladen etc. Was vorliegt, ist eine Momentaufnahme. Während ich die 4 Schnitte auf fehlerhafte Details prüfe, fällt mir die Badische Amöbe zu Boden. Sie muss sich im Flug um die Längsachse gedreht haben und liegt nun mit der südlichen Spitze (bei Lörrach) nach oben neben meinem Stuhl. Ich sehe hinunter und erkenne eine Italienische Amöbe. Ja ist es denn zu fassen?

Die Badener aus dem nördlichen Bauland, der Gäulandschaft, all die Tauberbischofsheimer, Mosbacher und Buchener sind nun in Sizilien zu Hause, dort, wo die Zitronen blühen und nicht Dinkel, Gerste und Grünkern reifen. Es ist nicht mehr das Bohnenland, sondern das Zitronenland. Welch' eine zauberhafte Verwandlung. Von Badisch Sibirien zum Vulkanland zwischen Marsala und Syrakus. Die Südbadener haben von dieser Metamorphose der Badischen Amöbe nicht sehr profitiert. Immerhin siedeln sie jetzt in Venetien. Sie werden relativ zufrieden sein, denn die autonomen Gelüste sind sowohl bei den Norditalienern als auch bei den Südbadenern latent vorhanden. Und fußballerisch dürfte sich für den SC Freiburg im Italienischen Norden auch etwas zum Besseren fügen. Ich richte Baden wieder auf, das Bauland zuoberst, und der Rhein fließt wieder dort, wo er hingehört. Dann bitte ich die Badische Amöbe während des nun folgenden Badenwerkes keine Scheinfüßchen auszubilden.

Die Schattenschnitte von Traudl, Schorschi und mir liegen zwischen Bildschirm und Tastatur. Zur Mahnung, zur Ermahnung und zur Inspiration.

Stimmen zum Buch

Traudl: „Aber gell, wenn ich schon drin vorkomm', dann so wie ich gern wär."

Unser Sohn Schorschi: „Aber gell, wenn ich schon drin vorkomm', dann so wie ich net bin."

Meine Mutter selig: „Aber gell, wenn ich schon drin vorkomm', dann denk dran, ich bin immer noch dei Mutter!"

Mein Vater selig: „Aber gell, wenn ich schon drin vorkomm', dann net so wie Du mich in Erinnerung hasch!"

Mein türkischer Nachbar: „Buch? Meine Frau auch Kochbuch."

ABC

Von seltsamen Gesängen
und heftigen Zungenschlägen

1
Montag

Viele Zungenschläge sind zu hören in der Region. Zwischen Lörrach und Mannheim, Schwarzwald und Kaiserstuhl ist ein Sprachengezwitscher zu vernehmen, das unterschiedlicher nicht sein könnte. Archaische Ur-Laute mischen sich mit den seltsamen Gesängen von Sippschaften, die im Abseits schattiger Schwarzwaldtäler grummeln. Eigenartige Stimmen, die uns an Tiere erinnern. Man ist sich nicht immer gewiss, ob es nicht mehr ein Singen ist oder doch ein Sprechen. Vermutlich irgendetwas dazwischen.

Jedes Dorf hat seine ganz eigene Dialekt-Färbung. Ja sogar im Dorf selbst scheinen sich Unter-, Ober- und Mitteldorf zu unterscheiden. Es sind kaum wahrnehmbare Differenzen, die wahrscheinlich neben tradierten Dialekten auch geographische Gegebenheiten zur Ursache haben. So verursacht der geringere Sauerstoffanteil und der veränderte Luftdruck der Schwarzwaldhöhenlagen in den Sprechapparaturen Schwankungen, durch die ganz und gar unterschiedliche Laute erzeugt werden. Auch sind die Resonanzkörper der Einheimischen von unterschiedlicher Qualität. Größe als auch Materialbeschaffenheit erzeugen von Region zu Region eine recht individuelle Akustik. Auch klimatische Faktoren wie Luftfeuchte, Kälte und Wärme haben Einfluss auf unsere Sprechwerkzeuge. Sie haben über Jahrtausende unsere Stimmlippen geformt, genau wie der stete Wasserfluss von Kinzig, Murg und Rhein die Kieselsteine geschliffen haben.

Ich stelle mir den Sprachklang der Region wie ein großes Orchester vor. Es wird ein einziges Lied gespielt, aber die Klänge können nicht unterschiedlicher sein.

Vor mir die Tastatur, der Bildschirm, die Papiere für die Notizen. Ich sitze im Büro auf meinem hölzernen Hocker. Es ist ein ganz und gar einfacher Sitz von schlichtem Komfort, ohne Armstützen und ohne Lehne. Er ist weit entfernt von einem, sich den Körperformen angleichenden Bürostuhl, wie er von Orthopäden und Möbeldesignern für Lang- und Vielsitzer empfoh-

Ohne Worte

len wird. Ich habe mich an diese Empfehlung nicht gehalten. Das liegt nicht nur in meinem bockigen Naturell begründet. Gelegentlich steht, meist ganz unerwartet, Traudl mir im Rücken. Ich spüre ihren warmen Atem über meine Kopfhaut streichen sowie das Heben und Senken ihres Bauchgewölbes. Sie ist mir eine warme Lehne. Ihre Hände liegen auf meinen Schultern und ihre Brüste schmiegen sich an meinen Hinterkopf. Ich lege mich ein wenig zurück. Das könnte ein guter Anfang werden.

Und so erzähle ich ihr, wie ich dieses erste Kapital über unsere Sprache, das Sprechen und Kommunizieren, die kuriosen Worte und die verdrehten Sätze anlegen möchte.

Nachdem ich also ganz im Groben ausgeführt habe, was ich über die sprachlichen Eigenheiten des Homo Badensis schreiben möchte, speziell denen des mittelbadischen Sprachraumes, hat Traudl nach einigen sehr tiefen Atemzügen den letzten Luftstrom in ein vielsagendes „Aha!" münden lassen.

Dieser bescheidene, jedoch ganz und gar unverzichtbare Ausruf des Erstaunens, ist einer von drei Interjektionen, die in ganz eigenständiger Art und Weise hierzulande vorkommen. Diese sind: „Aha!" (Interjektion der Verwunderung), „Oha!" (Interjektion des wunderlichen Aufmerkens) und „Ohje!" (Interjektion des bereits eingetretenen Schadens). Letztere wohl die stärkste Interjektion der drei Ausrufe.

Mit diesen aus nur wenigen Buchstaben zusammengesetzten Symptominterjektionen, diesen wunderlichen Kleinlauten, ist so vieles zum Ausdruck zu bringen, wofür Menschen, die es nicht so mit der Kurzform halten, Referate benötigen. Doch für uns Südwestler, die wir uns gerne dem spartanischen Sprechen zuwenden, gilt nach wie vor: „Wenig g'schwätzt aber viel g'sagt!"

„Aha!", werden nun einige Leser sagen und damit ihre Neugierde zum Ausdruck bringen. „Oha!", der Kräuter geht ja fast wissenschaftlich an dieses Kapitel heran.

„Ohje!, wenn des so weitergeht, na gut' Nacht!", werden andere sagen.

Traudl zeigt sich skeptisch ob meines Konzeptes und rät mir, den Leser nicht mit allzu vielen, in dichter Folge auftretenden Fremdworten wie „Systeminterjektion" zu fordern. Ich möge doch sehr sparsam fremde Worte in meine Texte einflechten. Zuerst gilt es, den regionalen Sprachfundus zu durchforsten.

Traudls urwüchsig-archaische Sprachverwurzelung führt sie immer wieder zu sehr verständlichen wie lebensnahen Beispielen aus der Landwirtschaft. „Du kannsch im Garte ja auch net des ganze Wasser mit einem Schwung auf die Salatsetzling schütte. Da sin die kleine Salätle überfordert. Da machsch erst emol auf die Gießkann' den...den...Herrgott, sag mir's, den...Dinger, weisch, mit dene Löchle drin."

Sodann durchwühlen wir beide unsere Gehirnkästen, um diesen „Dinger" benennen zu können, ohne uns einer fremden Sprache zu bedienen. Wir finden nichts. Der „Dinger" bleibt der „Dinger". „Dingerich" ist auch keine Lösung.

Kann es sein, dass ich gleich zu Beginn meiner Sprachexkursion durch die Region an meine Grenzen gerate? Dass es Gegenstände gibt, und wahrlich wichtige Gegenstände mit hohem Nutzwert, für die ich kein Wort habe und sie mit „der Dinger" benennen muss. Werden wir uns dann noch verstehen, wenn ich Traudl zurufe: „Wo ischen der Dinger für die Gießkann'?"

Nach einigen Minuten der erfolglosen Suche habe ich schließlich im Internet den Namen dieses Gießaufsatzes gefunden. Nun weiß ich, dass das Gieß-Rohr „Tülle" heißt und der „Dinger" obendrauf „Brausemundstück".

Nun sollte jedoch der Name dieses Gegenstandes in unserem Sprachraum verstanden werden. Er sollte sich zugehörig fühlen. Ein Wort braucht eine Heimat. Und „Tülle" möge von mir aus die Nichte von Michel aus Lönneberga heißen und „Brausemundstück" die dentaltechnische Einrichtung eines Zahnarztes. Für die Beschreibung des „Dingers" auf einer Gießkanne haben diese beiden Begriffe hierzulande jedoch keine Relevanz... Bedeutung.

Manchmal geht die Praxis der Theorie einen Schritt voraus, und so gehen Traudl und ich auf die Terrasse. Traudl füllt Wasser aus der Regentonne in die Gießkanne, steckt den „Dinger" vorne drauf und gießt unsere Blumen. Sie hat das Wort sofort auf der Zunge: „Guggemol, wie des Wasser aus der Gießkann' schbrenzelt."

Es bleibt jedem Leser überlassen, ob er den „Dinger" „Brausemundstück" oder sonst wie benennen möchte. Aber wir beide, und nicht nur wir, wissen nun endlich wieder, dass der „Dinger" „Schbrentzler" heißt. Und dies wird landauf, landab verstanden.

Traudl hat diese ersten Zeilen gelesen und schüttelt den Kopf, macht einen tiefer Schnaufer und meint: „Ä-ä!"

„Ohje!", sage ich. Ich hätte mir ein zustimmendes „Ä-hä!" gewünscht. Traudl ist der Ansicht, dass man die Leser mit dem beschriebenen „Schbrentzler" nicht zurücklassen dürfe, da er zu den verbalen Grenzgängern unseres mittelbadischen Dialektes gehört, die unter anderem deswegen ins Abseits geraten sind, weil sie dieses ungünstige Aufeinandertreffen von weichen Mitlauten in sich tragen. Genauso wie unser „Schdrubfer" (Schrubber), der ebenso an diesem heiklen Zusammentreffen von „Sch" und „d" leidet. Da sei der „Schbrentzler" ja noch leichte Kost.

Der „Schdrubfer" ist ein besenstieliges Hartbürsten-Reinigungsgerät, das multifunktional zu verwenden ist. Zum Beispiel, um hartnäckige Schmutzflecken von Teppichen zu „schdrupfern" oder Spinnweben („Schbinnehuddle") aus den Zimmerecken zu angeln. „Schbinnehuddle" und „Schbrentzler" lassen sich vergleichsweise leicht modulieren, da nur zwei Mitlaute aufeinandertreffen, wobei der „Schdrupfer" gleich mit drei, also „sch", „d" und „r" aufwartet. Irgendwann kommt dann der rettende Vokal „u", aber dahin muss man erst mal kommen. Traudl meint, ich solle statt Vokal, Selbstlaut sagen. Man weiß ja nie, wer dieses Buch in die Hände bekommt.

Umlaute bzw. Ablaute („ä", „ö", „ü") beschreibe ich hier nicht näher. Diese Brechungen der Selbstlaute erfordern eine veränderte Artikulation, d. h. hier muesste der Sprachraum umgestaltet werden bzw. die Sprechwerkzeuge ausgetauscht. Dieser Aufwand lohnt sich im Badischen kaum, denn wir verwenden selten bis gar nicht Umlaute. Wir wollen es ja nicht uebertreiben.
Traudl ist der Meinung, ich solle für die in den Badischen Dialekten weniger beheimateten Leser die Aussprache dieses „Schdrubfers" erläutern, da es sich wirklich um ein sehr schwer zu sprechendes Wort handele und bei Versprechern mit Verletzungen im Mundraum zu rechnen ist. Selbst für Einheimische ist es ungewohnt, nach dem „Sch" ein „d" zu sprechen.
Es erfordert einen artistischen Zungenschlag, bei stimmhaftem „sch", durch schnelles Anlegen der Zunge ans Gaumengewölbe den Luftstrom ruckartig zu unterbrechen, in dem die Zunge vom vorderen Gaumengewölbe die Hinterseite der oberen Zahnreihe hinunterfährt. Fast gleichzeitig öffnet sich der Mund zur Hälfte, während ein weich geröcheltes „r" aus den Stimmlippen gewürgt wird. „Schdr". Es ist gerade so, als habe man sich mit dem Rad einen steilen Berg hinauf gequält und nun rollt es fast von alleine bergab. Das rettende „u" ist schon in Rachennähe und der „Schdrupfer" kann zu Ende moduliert werden. „...ubfer".
Gerade stelle ich mir vor, im Dickicht der Badischen Begriffe gäbe es Worte, bei denen auf das „Schdr" noch ein mitlautiges „m" oder „f" folgen würde. Also „Schdrf..." oder „Schdrm...". Wer weiß das schon. Auch der „Schbrentzler" hielt sich für uns beide recht lange im Badischen Sprachdschungel verborgen.

Traudl zieht mich am rechten Ohr, was bedeutet, ich möge mich zügeln. Sie müssen sich das so vorstellen: Es ist zwischen ihr und mir im Laufe vieler Jahre eine ganz spezielle, nonverbale Kommunikation entstanden. Traudl zieht mich (hinter mir stehend) an den Ohren, wobei (um es technisch aus-

Schbrentzler

zudrücken) das rechte Ohr als Bremse zu verstehen ist, das linke als Gas. Sie bremst mich rechts und beschleunigt mich links. Damit meine ich Tadel oder Lob, Kritik oder Zuwendung, Strafe oder Zärtlichkeit.
Die Intensität fällt ganz unterschiedlich aus. Von liebevollem Streicheln des linken unteren Ohrlappens, bis hin zum kräftigen Ziehen des rechten Ohrlappens bis zur Schmerzgrenze.
So weiß ich nun, ich möge mich zügeln, es nicht übertreiben mit der Wortpflückerei.
Der Leser möchte zwischendurch innehalten, Zeit haben zum Hinterhersinnen, zum Durchzuatmen. Vielleicht bei einem heiteren Gedicht, meint Traudl.

Der Maulwurf

Traudl gugg, de Rase verstrubbelt
de Maulwurf hat Hubbel an Hubbel gehubbelt
der schöne Rase, die saftige Matt
verschandelt von der Maulwurfsratt'

Alles blüht, die Vögel singe
die Liebespäärle sin heftig am Ringe
bloß bei uns, es isch zum Verzweifle
dut de Maulwurf erdige Hubbel aufheifle

Also nehm' ich de Schdrubfer, sitz hinner die Heck
dass mich keiner sieht, in meinem Versteck
schaufelt er dann die Erd' aufs Gras
hau mit em Schdrubfer ich dem Vieh auf die Nas'

„Jesses mei Schdrubfer!" die Traudl wird laut
„die ganze Bürschde mit Erd' versaut"
wie ich's au mach, s isch immer verkehrt
des isch die Botschaft, die de Schdrubfer mich lehrt

Nun hoffe ich, dass Traudls Vorschlag, ein heiteres Gedicht einzustreuen, dem Leser Erfrischung bei der weiteren Lektüre bringt, um den verschlungenen Pfade meiner Gedanken über die Sprache des Homo Badensis weiter zu folgen.

Es zieht mir unangenehm über den Rücken. Die eben noch wohlige Wärme zwischen uns weicht einer kühlen Brise. Traudl hat sich von meinem Rücken gelöst. Es ist, als wenn einem jemand die Decke wegzieht, unter der man schläft. Minuten später höre ich das Zischen des Dampfkochtopfes und Traudls Geschirre aus der Küche. Es ist 10 Uhr und Kartoffelsalat braucht seine Zeit. Um 13 Uhr kommt Schorschi von der Schule, dann essen wir.

Kinder können ohne Bewegung die Sprache nicht erlernen. Sie bewegen sich mit ihrem ersten Gezappel auf die Sprache zu. Ohne Bewegung macht der Mensch keinen „Muckser". Dies sagt uns die Entwicklungspsychologie. Dort lesen wir weder von einem „Muckser", noch von einem „Mucks". Beides sind unverzichtbare Begriffe unserer regionalen Sprache. Unter einem „Muckser" verstehen wir eine kurze, kaum vernehmbare, halb unterdrückte Äußerung, ja zuckende Regung als Ausdruck des Aufbegehrens. „Da liegt der Kerl und macht kein' Muckser mehr."

Ich hatte von der Entwicklung von Kindern hin zur Sprache geschrieben und gerade bei der Kindererziehung ist der „Muckser" unverzichtbar. „Wenn jetz' noch einen Muckser machsch...!"

Stille ist Stille und man glaubt bei diesem Begriff auch wirklich nichts zu hören. Und doch gibt es das „Mucksmäuschenstill", also eine Stille, die stiller als still ist. Kann man die gewöhnliche Stille gerade noch wahrnehmen, ist die Mucksmäuschenstille eine theoretische Stille, die für das menschliche Gehör nicht mehr wahrnehmbar ist. „Als der Pfarrer von der Sündhaftigkeit der Gemeinde sprach, war es mucksmäuschenstill in der Kirche!"

Vielleicht kennen Sie, liebe Leser, die winterliche Szene, wenn jemand seinen Wagen versucht zu starten und nichts, aber auch rein gar nichts aus dem Motorraum zu hören ist, was gewöhnlich den Satz zur Folge hat: „Der macht kein' Mucks meh'!"

Ich war ein Kind, das fast ohne „Mucks" aufgewachsen ist. Ein wahrlich stilles Kind. Solche Kinder bescheren ihren Eltern nur anfänglich Freude, denn irgendwann warten Vater und Mutter auf das erste Wort. Die hierfür notwendigen und bei den meisten Kindern zu hörenden Vorübungen habe ich ausgelassen. Erst sehr spät habe ich mich mit dem Sprechen angefreundet. Bis zu meinem siebten Geburtstag hatten meine geäußerten Laute den Begriff Kommunikation nicht verdient.

Meiner Mutter war es „arg", dass ich nicht gesprochen habe. Sie können sich vorstellen, liebe Leser, was es bedeutet, wenn einer Mutter bezüglich ihres Kindes etwas „arg" ist. „Arg" sagen wir Hiesigen nicht gerade so, da muss es schon „arg arg" schlimm kommen. Da fällt mir gerade mein „arges" Kopfweh ein, das letzte Woche aufgrund der „arg" wechselnden Wetterlage „ärger als arg" war, aber das nützt mir heute nicht „arg" viel, da letzte Woche „arg" lang her ist. „Arg" ist geradezu ein verbaler Tausendsassa, der unverzichtbar ist, nicht nur für Mütter. Ich erinnere mich, dass ich vergessen habe, Traudl am Bahnhof abzuholen, was mir dann „arg arg" war. „Ärger" ging's wirklich nicht und ich achte mit Argusaugen seither „arg" darauf, dass dies nicht wieder vorkommt. Soeben schaut Traudl herein, blickt mir über die Schultern und meint: „Des war jetzt emol arg wichtig, das des g'schriebe hasch!"

Aber zurück zu meiner Mutter, der es „arg" war, dass der Bub nicht spricht. Aus ihren Erzählungen weiß ich, dass der erste Satz, den ich wirklich laut, verständlich und fehlerfrei gesprochen habe, folgender war: „Wieso hat denn des Fahrrad bloß 21 Gäng'?", worauf Mutter umgehend zurückfragte: „Jesses Bu, warum sprich'sch denn erst jetzt?" „Ja Mutter, bisher war alles recht!"

Diese kleine, hierzulande in abgewandelter Weise überlieferte und erzählte Episode...(Traudl korrigiert: Geschichte!), soll belegen, dass es im Leben nicht immer von Vorteil sein muss, das Sprechen über Gebühr in Anspruch zu nehmen. Es gibt auch Menschen, die sprechen wenig, gar nicht oder nur mit sich selbst. Nicht immer muss hier ein Autismus zugrunde liegen, sonst würde ich aus einer Autisten-Familie stammen, denn mein Vater war, wie auch ich ein vielsagender Schweiger bzw. Selbstredner. Ich muss gestehen, ich pflege die Form des Selbstgespräches gelegentlich gerne, wenngleich ich auch andere Formen beherrsche.
Selten habe ich so einen guten Gesprächspartner erlebt wie beim Selbstgespräch. Gespräche wie aus einem Guss. Selbstgespräche sind Dialoge mit einem Gegenüber, das dir sehr vertraut ist, das dir zuhört. Einem Gegenüber, dem du alles sagen kannst. Erst beim guten Selbstgespräch bemerkt man, wie ähnlich man sich ist. Man tritt jemandem gegenüber, der intellektuell auf Augenhöhe ist.

Im Vergleich zu Traudl möchte ich mich als Wenigsprecher verstehen. Innerhalb der Dreieinigkeit von Sprechen, Schweigen und Schlafen macht bei mir das Sprechen ca. 10 % aus (Traudl 30 %, Schorschi 8 %).
Diese 10 % versuche ich sehr bildhaft auf die Sprachbühne zu bringen. Ich hab mir eine Bild-Sprache angeeignet. Mein Sprechen möchte ich als eine Art von Fotografieren verstehen und wenn ich schweige, erlaube ich mir den Spaß: „Hab grad kein' Film drin!"
Ich möchte mich nicht als sprechfaul verstanden wissen. Es ist zum einen gewollt, wenn ich spartanisch kommuniziere oder schweige. Ich empfinde es als angenehm, nur das Wesentliche zu äußern. Zum anderen muss ich, berufsbedingt, zeitweise sehr viel sprechen und leide dann an einer Art Muskelkater des Kehlkopfes. Zum dritten liegt mein aufs Lebensnotwendigste reduzierte Sprechen an erblicher Veranlagung, denn von meinem Großvater weiß ich, dass sein letzter amtlich dokumentierter Satz auf dem Standesamt fiel: „Von mir aus!" Danach verfiel er ins Selbstgespräch.

Blättert man in den Geschichtsbüchern weiter zurück, so erfährt man, dass hierzulande schon immer sparsam gesprochen wurde, denn der Ur-Badener hat sich sehr spät fürs Sprechen entschieden. „Brauch ich des? Bringt's mir

Selbstgespräch

was? Kann ich's landwirtschaftlich nutze'?" Mit der Entdeckung des Feuers war er dann allerdings doch gezwungen, lauthals auszurufen: „'S brennt!" Seiher spricht der Badener.

Im weiteren Verlauf der Geschichte haben sich verschiedene Dialekte herausgebildet, die zum Teil „arg" unterschiedliche Entwicklungen nahmen. Dies hatte zur Folge, dass man sich untereinander nur schwer verstand. Der kommunikative Austausch an der Schwäbisch-Fränkischen Stammesgrenze zwischen Nord- und Südbaden war möglich, aber nur mit regionalen Dolmetschern. Eine Heirat zwischen mundartlich verfeindeter Stämme üblich, jedoch nur unter Hinzuziehung eines Logopäden.

Im Treppenhaus sind Schorschis unverkennbare Tritte zu vernehmen. Ich denke an Elefanten. Relativ wortlos (8 %) betritt er die Diele und wirft seinen Schulranzen in die Ecke.

Dann ruft mich Traudl aus der Küche zum Essen: Wie bereits erwähnt, es gibt heute Kartoffelsalat. Dem Geruch nach zu urteilen, dürften es Fleischküchle sein, die Traudl dazu kredenzt. Schorschi wird wohl in seiner unnachahmlich humoristischen Art und Weise bemerken: „Jesses Fleisch, isch was bassiert?"

Zur Sprech-Technik des Homo Badensis möchte ich, bevor ich mich zum Essen niedersetze, kurz darlegen, dass es ein paar wenige Indigene auf Papua-Neuguinea sowie im Sächsisch-Thüringischen Sprachraum gibt, die vergleichbare Sprechtechniken wie wir anwenden, um Laute in Sprache umzuformen. Ich möchte dies veranschaulichen an einem immer wieder geäußerten Satz unseres Schorschis: „Mama, subber Fleischküchle!"

Unter „subber" (super) versteht man die angloamerikanische Potenzierung des Positiven. Die Hiesigen sagen „Subber". Scharfes „S" zu Beginn, zwei „b" in der Mitte, das „e" wird im Speichelfluss abgeleitet, das „r" zwischen den Stimmritzen gequetscht und dann nicht über den Rachenraum nach außen geworfen, sondern durch Aufklappen des Kehlkopfdeckels nach unten fallen gelassen. Was dann zu hören ist, das ist das Echo vom Aufschlag. „Subber!"

Von der Anatomie der Sprachorgane ist dies für Migranten (sofern sie nicht aus Papua-Neuguinea oder Thüringen/Sachsen kommen) gar nicht sprechbar, denn diesen Klappmechanismus im Kehlkopfdeckel besitzt nur der Badener. Wobei man einschränkend erwähnen muss, dass der Sachse evolutionsmäßig noch weiter entwickelt ist. Er muss seinen Kehlkopfdeckel nicht mehr von Hand umlegen, denn er hat an dieser Stelle eine automatische Hydraulik. Bei ihm fällt das gequetschte Wort direkt in den Bauchraum. Und

„Subber Figur"

so weiß der Zuhörer nie genau: Redet der Sachse mit dir, verdaut er gerade oder knurrt sein Magen.

Auch wenn der Badener im hinteren Rachenraum quetscht, also nach hinten spricht, so denkt er doch nach vorne. Er kann, und das macht ihn weltweit überlebensfähig, sprechen ohne zu denken, aber auch denken ohne zu sprechen. Treffen diese beiden Fähigkeiten zusammen, so wird es eng, er gerät in eine Sprechklemme. Kommt es daraus resultierend zu einem Versprecher, so hinterdenkt er sich und schweigt sich über seine unausgesprochenen Überlegungen aus. Was er meint sagen zu müssen, ist also noch nicht spruchreif gedacht. Vereinfacht gesagt: Gerade wollte er es andenken, da hat es sich schon gesagt, ist also ins Bedenkenlose hineingesprochen worden.

Bei solch hochkomplexer Sprach- wie Sprechgestaltung kommt es selbstredend zu Verwirrungen, bis hin, dass sich Eheleute, die aus verschiedenen Gemeinden gebürtig sind, nicht mehr verstehen, weil Redewendungen von Dorf zu Dorf ganz unterschiedlich ausfallen. Traudl ist gebürtig aus Greffern, ich gebürtig aus Hörden (Murgtal). Da liegen Luftlinie gerade mal 30 Kilometer dazwischen, doch manchmal Welten an gegenseitigem Verstehen.

„Beim Essen wird net g'sproche." Liebe Leser, Sie kennen diesen Satz. Er findet seine Fortführung in der Hinzufügung: Wenn doch, dann in Form des Gebetes. Er stammt aus einer vergangenen Zeit, in der man das Essen nicht nur als Anlass verstand, seinem Körper die nötigen Energien zuzuführen, sondern auch sich von körperlicher Arbeit und Mühe des Vormittags schweigend auszuruhen.

In den heutigen sozialen Gefügen ist es die Zeit des Kommunikationsaustausches, das kleine Zeitfenster des Tages, in dem möglichst alle Familienmitglieder zusammensitzen, hinausblicken in die Welt und in sich selbst. In meiner Familie haben wir als Diskussionsleiter und Mediator (Schlichter) Traudl. Schorschi und ich partizipieren mehr oder weniger intensiv mit Redebeiträgen. Die Intensität der Kommunikation beim Mittagstisch ist sehr stark von der jeweiligen Speise abhängig. Bei einem aufwändigen Klassiker kann es vorkommen, dass kein „Mucks" zu hören ist. Sind es hingegen gemüselastige Speisen mit hohem Gesundheitswert, werden sie sprichwörtlich zerredet.

Bevor ich mich zum Mittagschlaf niederlege, meiner kommunikationsfreien Zeit, setzte ich mich noch einmal ins Büro an meinen Text. Traudl kommt aus der Küche und stellt mir einen Teller Apfelstückle neben die Tastatur, lehnt sich mit ihrer feuchten Küchenschürze an meinen Rücken, legt ihren warmen

Busen an meinen Hinterkopf, was ich immer wieder als angenehm empfinde. Das zärtliche Streicheln mit ihren apfelsaftigen Fingern in meinem Gesicht allerdings als „bebbig".

Im Sommer, der bei uns in Baden mit Rekordtemperaturen so untrennbar Haut und Hemd „verbebbt", hört man des Öfteren das wohlwehe Stöhnen: „An mir bebbt alles!"

Und wahrlich, auf allen Badischen Gebietskörperschaften zwischen orangenhäutigen Bauchbergen und subtropischer Schrittregion wird es „bebbig". Bei den Zugezogenen „klebt" hingegen das Hemd am Körper. Jedoch liebe Leser, wie unzureichend ist die Übersetzung, also die Transformation der Transpiration von „kleben" zu „bebbe". Hört man diesem treffend gewählten Dialektwort „bebbe" bezüglich Artikulation und Klang schon an, dass hier nicht einfach Textiles auf der Haut „klebt", sondern vielmehr feuchtwarm „bebbt", sich also wohlig schmierend bis verschmelzend auf die Haut schmiegt, so denken wir beim „Kleben" schlichtweg an das Zusammenfügen zweier Stoffe (Siehe auch: die Gelbe Tube aus dem Badischen Bühl, die weltweit mit dem Satz auf sich aufmerksam macht: „Im Falle eines Falles, klebt Uhu wirklich alles!").

Es wird augen- wie nasenfällig, dass „bebbig", haptisch wie olfaktorisch dem Kleben um Nasenlängen voraus ist. Kein anderes Wort vermag das feuchtheiße, juckende und streng herbe Animalische akustisch widerzuspiegeln. Ob wir mit spitzen Fingern eine zuckerkrustige Leckerei vernaschen oder nach sommerlichem Liebesspiel befreit ausrufen: „Schatz, keine bebbt wie du an mir!", es ist immer ein angenehm wohliges und verbindendes Haften.

„Debbig"

Auch als „Debbich" bekannt. Gemeint ist damit der textile Bodenbelag bzw. die wollene, zusätzliche Decke überm Daunenbett, als auch die Unterlage für die Schwimmbadwiese („Traudl, pack de Bad-Debbich ein.").

„Päp"

„Räder raus!" Dieser Ausruf familieninterner Generalität ruft Sonntag für Sonntag unzählige Familienclans per Fahrrad in die Niederungen des Rheingrabens. Es ist eine Herausforderung für Körper, Material und an das soziale Gefüge des Familienverbandes. Vorne weg er, „de Babba" auf seinem Rennrad. Dahinter die Mama auf einem Fahrrad. Gepäck, Kindersitz, trockene Unterwäsche für ihn, Mineraldrinks, Powerriegel. Kurzum, der Servicewagen. Er: „Immer päp hinte dran bleibe, immer päp en halbe Meter an mei'm Hinterrad!" Das sind dann real gemessen ca. 500 m, denn der Badische Meter ist bekanntlich etwas länger. Dafür ist der Badener im Bundesdurchschnitt gesehen etwas kürzer. Männer 12 cm, Frauen 17 cm. Das ist nicht weiter verwunderlich, denn alle Naturvölker sind von Natur aus kleinwüchsig. Denken wir an Pygmäen, Italiener, Badener. Diese Verkürzung fällt nicht weiter auf, denn der Badische Meter ist, wie beschrieben, etwas länger. Genauso wie der Badische Liter etwas mehr sein darf. Er wird jedoch schneller weggetrunken, weil die Badische Sekunde knapper bemessen wird. Deswegen „huddelt" der Badener, worauf es umgehend „bressiert". Sodann schwitzt er, kriegt Fieber, und das bereits bei 35 Grad, weil das Badische Grad etwas heißer ist als normal. 38 Grad Fieber sind für den empfindsamen Badener fast schon tödlich. Da fängt er dann an zu fantasieren und denkt sich solche Geschichten aus, wie sie hier zu lesen sind. Die sind dann „päp" an der Realität.

„Drummrumm"
Wir binden hier ein Wort in den Strauß Badischer Wortblüten ein, das wieder einmal belegt, dass die deutsche Sprache die tiefe Bedeutung einiger Worte nicht annähernd auslotet. So hat der Homo Badensis und seine benachbarten Völker des Deutschen Südens aus dem Wort „herum" den Begriff „drummrumm" kreiert. Mit gleich sieben Mitlauten, zwei Selbstlauten, bei einer Gesamtanzahl von nur neun Buchstaben ist es sowohl vom Klang als auch von seiner Bedeutung erwähnenswert. Ein kleines Lesebeispiel soll uns die treffende Schlagkraft dieses Begriffes erläutern.
„Mir ware gestern im Wald. Do simmer g'stande, drummrumm nix als wie Bäum. So en Steinpilz hämmer g'funde, drummrumm lauter Satanspilze. Du glaubsch nicht, wie mir dann später um den Esstisch drummrumm g'sesse sind und uns die Pilz hän schmegge lasse. Im Krankehaus sind dann die ganze Ärzt' um unser Bette drummrumm g'stande. Ich hab zum Chefarzt g'sagt: Herr Dokter, rede se net lang drummrumm. Sind mir noch zu rette? Na, sagt er. Herr Kräuter, in ihrem Mage hämmer en Satanspilz g'funde. So ein Drumm, aber jetzt isch rumm."
„Drummrumm" ist eine klare und unverrückbare Beschreibung in unserem Sprachraum. Kein Mensch sagt bei uns: „Herr Dokter, rede se net lang auße rum!"

„Mir"
Auch mit diesem Personalpronomen hat der Homo Badensis dem Gebinde eine Dialektblüte beigefügt, die von regionaler Bedeutung ist.
„Mir sage net wir, wenn mir uns meine. Mir sage mir. Wir wird bei uns nur als Vorsilbe verwendet. Wir-sing, Wir-us oder Wir-tschaft. Sag ich jetzt aber:

Dorfrufanlage

Mir isch des egal, dann mein' ich natürlich nicht uns alle, sondern dann mein ich mich. Mir gibt's als Plural und als Singular. Der sog. Badische Singural. Sag ich aber: Mir Badener, dann mein ich allerdings uns alle UND mich. Hier kam'er jetzt den Badische Singural umforme zu muns. Des Auto g'hört muns. Mir und meiner Frau. Muns.

Jetzt darf mar natürlich muns und meins net verwechsle. Grad beim Audo komme zwische Ehepartner gern Rivalitäte auf. Do muss es dann heiße: Munser Auto isch meins. Weil meins kommt immer vor muns. Vorsicht! Bitte net mich und meins verwechsle. Beispiel: Mich ruft meine Schwester aus Mainz an und sagt mir, dass Wir-sing im Angebot sei. Sie möcht muns zum Esse einlade. Danke Helga, mir esse lieber in de Wir-tschaft.

„Ähä"

Wie zartes Schleierkraut ziert ein dreibuchstabiger Exot den bunten Strauß unserer lautmalerischen Wortblüten. „Ähä" (Ja) ist die geniale Form der Bejahung, aus deren Elemente wir genauso eine Verneinung bilden können, indem wir das mittige „h" ausklammern und zu „ä ä" (Nein) gelangen. Mehr benötigt der Homo Badensis nicht, um sich in allen Lebensbereichen bejahend oder verneinend zu behaupten. Wahrlich minimale wie kongeniale Buchstabenakrobatik und Bereicherung der zahlreichen Dialekte, die der Homo Badensis in Situationen der Unentschiedenheit noch zu verfeinern weiß, in dem er aus dem spärlichen Angebot dieser beiden Buchstaben das fragende „Hä?" (Wie bitte?) kreiert. Und auch für die schönste aller menschlichen Verlautungen, das Lachen, braucht er nicht mehr als diese beiden Akteure des Alphabetes: „hahahaha....!"
Man glaubt gemeinhin, die Variationen dürften erschöpft sein.
Wir unterscheiden selbst beim Lachen das gewöhnliche vom hämischen, das sich einer umlautigen Variante bedient: „hähähä....!"

„Hälinge" (Heimlich)

Ich muss eingestehen, dass der Ursprung dieses Wortes „Hälinge" aus dem Schwäbischen Hoheitsgebiet stammt, aber schon vor Jahrhunderten durch den Badischen Gazastreifen bei Herrenalb ins Badische eingesickert ist und sich bis ins Alemannische ausgebreitet hat, wo es als „häli" seine Verwendung gefunden hat.
„Hälinge" bedeutet geheim, heimlich, verstohlen, unbemerkt. Nun ist der Homo Badensis im Grunde sprachlich autonom und nicht auf Ost-Importe angewiesen. Aber Hand aufs Herz. Es ist in dieser Zeit der globalen Ausrichtung von großem Nutzen, nicht nur eine Fremdsprache zu beherrschen.

„Hälinge"

42

Hälinge

Die Regierung macht's und die Freie Wähler
die Viertelestrinker und die Kinderquäler
die rote Genosse und mei' Schwäbische Tante
die Rennradfahrer und die Strom-Gigante
kleine Ganove, große Spekulante
die eigene Kinder, ja die ganze Verwandte

Die maches hälinge...

Wenn die Kinder in de Schul' um d' Eck num spickle
de Spickzettel ins Vesperbrot einwickle
wenn de Lehramtsanwärter seinen Lehrer verehrt
im Computerraum mit ihm geschlechtlich verkehrt
wenn de Rektor mit'em Geld vom Förderverein
zum dritte Mal antritt zum Bootsführerschein

Na macht der des hälinge....

S gibt so Trends die ausem Bode nausschieße
Gesundheitsapostel, die nur Grünes genieße
auch ich bin vegetarisch, doch des isch ziemlich schwer
denn in de Nacht komme grausige Gelüste daher
dann schleich ich in de Keller, da hab ich a Versteck
Schwartemage, Schwarzwurst, Lyonerweck

Des mach ich hälinge...

Du wachsch morgens uf, ja Herrgotts Sakrament
de Rheuma zwickt und de Sod er brennt
im Hals an Frosch und s Bimberle tropft
im Gedärm tuts rumble und de Bobo isch verstopft
jeder Schnupfe, jedes üble Empfinde
tut sich net im Radio am Vortag verkünde

Des kommt hälinge...

Ich bin katholisch und sehr karitativ
reagier auf fast jeden Spendebrief
doch von Natur aus bin ich geizig, ich geb' nix gern her
schenke, spende, stifte fällt mir saumäßig schwer
jetzt hab ich die Vermutung, der HERR manipuliert
doch wie und wann und wo hab ich bisher nicht registriert

Des macht der hälinge...

Viele Männer gehe fremd, sind untreu wie a Sau
ich bin des net, denn ich lieb ja meine Frau
doch sie beklagt sich sehr, ich würd sie nicht begehre
sie wollt ständig schmuse, und ich tät mich verwehre
ich hätte mit Gefühlen, seit Jahren schon gespart
doch in Wirklichkeit da lieb ich sie, auf meine Art

Des mach ich hälinge...

Ich habe in diesem Lied in der vorletzten Strophe die göttliche Manipulation erwähnt. Man mag sich streiten, ob es so etwas gibt. Am Glauben scheiden sich bekanntlich die Geister. Wie auch immer, ob dies nun göttliche Manipulation war, dass Traudl ausgerechnet zur letzten Lied-Strophe hinter mir steht, oder ob es schlichtweg ihre Neugierde war, diese Frage bleibt unbeantwortet. „Des ka mar jetzt so oder so versteh'n, mein Lieber!" Worauf ich sie frage, was sie unter „mar", also „man" versteht. Es kommt uns ja ständig über die Lippen, dieses Pronomen, das wir immer dann anwenden, wenn wir von uns selbst ablenken wollen. Wenn wir uns von jeglicher Verbindlichkeit befreien wollen. Traudl zieht mich gleichzeitig an beiden Ohren, was alles bedeuten kann. Sie bleibt in der Waage. Unentschlossen. Genauso, wie man es ausdrückt bei Sätzen wie:
„Mar sollt mal wieder Sport mache!" Ja, aber wer nun? Wer sollte Sport machen. Wer ist man?
„Mar sollt mal wieder zum Zahnarzt geh'n!"
Dann kommen die Zahnschmerzen und man jammert: „Wär' mar doch zum Zahnarzt g'ange!" Dann bleiben die Schmerzen, weil man ja nicht hingegangen ist. „Mar könnt ja a bissel zuwarte, vielleicht hält mar's aus. Vielleicht bleibt mar verschont." Aber wer um Himmelswillen spekuliert da auf Verschonung? Man?

Meist bleibt man aber nicht verschont und man bäumt sich ein letztes Mal auf und jammert: „Den Schmerz ka'mar ja nicht mehr aushalte'! Und ich erst recht nicht."

Und plötzlich ist der Schmerz von diesem großen Unbekannten, diesem geheimnisvollen „man", auf einen selbst übergegangen. Und nun kommt zum Schmerz noch die verdrängte Verantwortungslosigkeit hinzu. Man schämt sich, dass man monatelang die Verantwortung für seine Zähne auf den „mar" geschoben hat.

Und erst jetzt nimmt man sich bei der Hand und geht. Marschiert unerschrocken in die Zahnarztpraxis, mit festem Schritt auf den Tresen zu, fixiert mit mutigem Blick die Sprechstundenhilfe und spricht: „Mar hat Zahnweh!"

„Sell"

Es ist Nachmittag. Traudl hängt in der Diele die Wäsche auf und berichtet mir, dass „selle", also die „Sell" von unten (Tochter unserer türkischen Nachbarsfamilie, die auf dem Stockwerk unter uns wohnt) wieder mit ihren beiden Kindern aus Istanbul zu Besuch sei. Die „Sell" sei nun schon das zweite Mal in diesem Jahr mit beiden Kindern bei den Großeltern in Bühl, aber ohne ihren Mann! „De Sell isch net dabei." Warum „Seller" nicht dabei ist, weiß „mar" nicht und Traudl weiß es auch nicht. Ich unterbreche mein Schreiben und tippe Traudls „Nachbarschaftsbericht" 1:1 in mein Kapitel über die Sprache ein.

Beim Wäsche aufhängen spricht sie langsamer als gewöhnlich, da sie sonst unkonzentriert arbeitet und die Wäsche „letzrum" aufhängt. Das ruhig dahinfließende Sprechen kommt mir und meiner Schreibgeschwindigkeit entgegen. Da es in meinem Kapitel um Sprache geht, explizit die des Homo Badensis, komme ich nun mit relativ geringem Aufwand zu einem weiteren Textbaustein. Also, „selle drei" sind nun schon seit einer Woche ohne „de Sell" (Vater der Kinder) bei den Großeltern. Ich werfe ein, dass „Seller" wahrscheinlich in der Türkei geblieben ist, weil er arbeiten muss. „Jetzt stell dir vor, die hocke zu sechst in sellere kleine Wohnung. Wenn jetzt noch seller Monn dabei wär, dann Gut'nacht. Du weisch ja wie des isch, wenn mei Schwester über Nacht kommt. Und die Sell isch nur eine! Selle kommt für e einzige Übernachtung mit sellem Koffer, den ihr Mann für seine wochelange Reise für selle Firma mitnemmt."

Traudl hat mit der letzten Wäscheklammer Schorschis Jeans aufgehängt und schon steht sie hinter mir, massiert mir die Schultern und liest meinen Text, der eigentlich ihr Text ist. „Gell, wenn mich net hättsch...Ich geh jetzt in die Küch' und richt's Veschber. Heut gibt's en Waldorfsalat mit Sellerie."

Ich habe mir angewöhnt, täglich nach dem Abendbrot eine kleine Runde zu gehen, meine Gedanken zu sortieren und mein Gehirn zu belüften. Nun weiß ich, dass Traudl nicht mit Bedürfnissen ausgestattet ist, die sich in allem mit den meinen decken. Und doch versuche ich sie stets aufs Neue mit der Frage zu locken: „Traudl, hasch kei Lust spaziere zu geh?" Gewöhnlich bekomme ich von ihr die Antwort: „Ja!"

Es ist diese immer wieder geäußerte „bejahende Verneinung", die eine zwischeneheliche Kommunikation bereichert wie ein heftiges Gewitter, nachdem es bereits zwei Wochen lang geregnet hat. Sie bleibt in der vagen Form, das heißt, ich darf mit allem rechnen. Sowohl Begleitung als auch nicht.

Da ich ein von Gewohnheiten geprägter Mensch bin, gehe ich meist die gleichen Wege. Man könnte sagen. Es, das Gewohnte, geht mich. Ich suche nicht den Weg, es findet ihn. Dieses gewohnte „Gegangenwerden" lässt mir viel Raum für meine Gedanken. Ich finde Gefallen daran, dass es sich bei unserer Sprache genauso verhält wie bei meinem Gehen, das ganz ohne mich sein Ziel findet.

Es spricht aus uns heraus. Wir sind vielmehr Sprache, als dass wir sie bewusst sprechen. Es ist das unbewusste Sprechen, das sprichwörtlich für sich spricht. Und davon haben wir in unserer Region mehr als genug.

Mit diesen Gedanken gehe ich meinen Weg, meine literarische Runde, auf der ich beim Gehen Sätze finde, die sonst nirgendwo und zu keiner anderen Zeit zu finden sind.

„Nun geh' ich meinen Abendweg und werf' das Tagwerk hinter mich."

So steige ich die drei Stockwerke hinunter und trete in den Abend, vor das Haus und dann der Bühlot entlang, wo die Enten ihr Schlafbad suchen, vorbei am Uhu-Turm und dann über den Stadtfriedhof hinauf nach Kappel. Die Seitenmatt hinauf, wo unter mir der Wiesenbach gurgelt und über mir die Weidenknuppel steh'n wie Nachtgespenster mit Dreitagebart. Und überm Bach, da stehn die Timmermänner, die Kühe vom Freizeit-Bauern Timmermann. Stehen da, als ob sie nicht wüssten, was sie mit dem Abend anfangen sollen.

Bin ich oben bei der Haltestelle vom Brombachweg, dann geht es „drübbernübber". Über die kleine Anhöhe und dann den Hinterfeldweg hinunter. „Drübbernübber" ist nicht die schlichte, höhenüberwindende Richtungsweisung, nicht die banal klingende Wegbeschreibung über einen Berg oder Hügel. Dieses klangvolle „Drübbernübber" lässt den Zuhörer dabei sein, gibt ihm das Gefühl, nicht mühsam auf einen Berg zu steigen und mit schmerzenden Gelenken auf der anderen Seite sich hinunter zu quälen. „Drübbernübber" gibt das Gefühl, vogelgleich über den Berg zu gleiten. Es ist wie bei so vielen Worten, die unsere Dialekte bereithalten. Es scheint, sie wurden von unseren Urgehirnen und Urkehlen so und nicht anders gewählt, weil sie das deutsche Wort einer tieferen Bedeutung zuordnen, die ganze Tiefe ausloten, mehr noch, ihm eine metaphysische Bedeutung geben.

Sozusagen diese Worte über die hinlänglich bekannte Deutung „drübbernübber" fliegen zu lassen, um tiefere Bedeutungen zu ergründen, hinter all dem, was wir vermuten zu wissen.

Und dann stehe ich am Ende vom Hinterfeldweg, oberhalb vom Kappler Friedhof, schau in die Ebene und höre noch einmal dem Klang unserer Sprache hinterher. Diesen kleinen Eigenheiten, wie sie beispielsweise im Badischen „o" widerhallen.

„Oschdändig" (anständig), „oagnehm" (unangenehm) oder „oordne" (anordnen).

Das Badische „o" ist nicht als reines „o" zu sprechen, es besteht vielmehr aus 40 % reinem „o", 40 % „a", 18 % „h" sowie 2 % Luft. Wird das schriftechte „o" mit spitz gerundeten Lippen nach vorne gesprochen, hat das Badische „o" seinen Ansatz im Rachenhinterhof, also anderthalb Zentimeter vor dem „Zäpfl". Dieses Organ ist beim Badener im Schnitt ein bis zwei Kubikmillimeter größer als das Schwäbische. Die Schwäbischen Dialekte gehen mehr in die Breite, die Badischen (speziell die Alemannischen) gehen in die Tiefe. Sie werden nicht wie die Schwäbischen von links nach rechts gesprochen, sondern von hinten nach vorne. Und weil „s Zäpfl" nur nach vorne oder nach hinten „bammble" kann und nicht seitwärts (Schwäbisch), wird dieses Organ im Badischen mehr beansprucht, also mehr durchblutet. Und eines weiß der Badener mit Gewissheit. Was gut durchblutet wird, das „waxt" (wächst!).

Mit dem letzten Ausklang meiner Gedanken gehe ich über den Kappeler Friedhof, wo um diese Zeit die Grablichter flackern wie Glühwürmchen im Sommer. Ich grüße meine Bekannten, all diejenigen, die ich auch zu Lebzeiten gegrüßt habe. An manchen Abenden bleibe ich stehen, auf ein paar Worte. Es gibt an solchen Orten ein großes Bedürfnis nach Gesprächen. Und vieles sagt sich leichter im Dunkel, wenn kein anderer zuhört. Was hat man schon zu verlieren, im Jenseits. Was nimmt man alles mit hinüber, das noch zu Lebzeiten hätte gesagt werden sollen.

Auf den letzten Metern hinunter in die Kernstadt fällt mit jedem Schritt ein Stückchen Tag aus mir heraus und der verbleibende Rest fühlt sich „letzrum" an. Müde, verdrehte Worte. „Letzrum-Sätze", die ich vor lauter Müdigkeit von hinten nach vorne lese.

Abendspaziergang

„Letzrum" ist nicht nur das verdrehte „Richtigrum". „Letzrum" verdreht die Welt und kann den Magnetismus aufheben. Es kann die Naturgesetze genauso außer Kraft setzen wie die moralischen Gepflogenheiten. Und es macht dich zum Gespött. Schon am Morgen hatte ich meine Unterhose „letzrum" an, das Wäscheschild hing in Lendenwirbelhöhe zwischen Hemd und Gürtel heraus. Schorschi lachte sich einen Ast. Traudl wieherte. Dann hatte ich die Socken „letzrum" an und beim Essen lag mein Fleischküchel „letzrum" auf dem Teller. Die verbrannte Seite nach oben.

Nach diesem Tag, dem ersten Kapitel, freue ich mich auf unser Bett. Traudl hat neue Bettwäsche gekauft, gewaschen und aufgezogen. Frische Bettwäsche auf sich wirken zu lassen, sie wahrzunehmen mit Haut, Auge und Nase, ist immer wieder ein Fest, das es mit wohligen Seufzern zu feiern gilt. Manche Schläfer sind in frischer Wäsche so beglückt, dass sie vergessen, ihr Abendgebet zu sprechen oder den Wecker zu stellen. Sie schlafen tief, träumen wild und verschlafen am nächsten Morgen. Sie kommen nicht zeitig ins Büro und begründen ihre Verspätung mit der Entschuldigung: „Sorry, mei' Frau hat frische Bettwäsch' aufgezoge!" Welcher Chef hätte dafür kein Verständnis.

Gerade will Traudl ihren Kopf auf meine Schulter legen, sich in meine Halshöhle verkriechen, da höre ich sie ausrufen: „Jesses, ich hab ja die Bettwäsch' letzrum drauf g'macht."

So bin ich zum Ende des Tages versöhnt, nicht ganz alleine „letzrum" gewesen zu sein.

Liebe an der langen Leine

Was wir lieben und was uns liebt.
Und warum.

2
Dienstag

Traudl hat einen Käsekuchen in den Ofen geschoben. Der Geruch der jungen, im Ofen langsam aufgehenden Quarkmasse steigt mir in die Nase, nimmt mich ein, erfüllt mich bis in die hintersten Winkel meiner Nasenhöhlen. Ich atme tief, verschenke nichts von diesem Duft und fürchte fast, er könnte verloren gehen und sich hinter Schränken verstecken.

Wie ein Ministrant, ergriffen fast, knie ich vor dem Ofenfenster und betrachte mit Staunen, wie sich eine luftige Blase goldgelb aus dem Innern des Quarkfladens hebt, sich wie eine Kuppel wölbt. Ich warte, bis die Blase bricht und das Gewölbe in sich zusammenfällt. Dann ist es ein Vulkan, eine Lavablase, von schroffem Kraterrand begrenzt. Brauner, mürber, krustiger Fels. Donnerwetter. Käsekuchen-Eruption! Und schon ist aus irdischer Glut ein Organismus geworden, ein Tier, ein Wesen das atmet, sich räkelt, quält, ein Mutterwesen vielleicht, das ein Junges zur Welt bringt. Sodann ist es das schrille „Ringring..." der Koch-Uhr, das mich aus meiner Bilderwelt wirft und es ist wieder Traudls Käsekuchen. Mehr nicht. Doch genug.

Dann sitze ich wieder am Schreibtisch, versuche den Einstieg in mein zweites Kapitel zu finden. War da vor dem Blick in den Ofen ein klarer Gedanke, eine Struktur, ein Ziel vor Augen, waren da halbgare Sätze und all das, was ich über die Liebe schreiben wollte, so ist nun nur noch Käsekuchen in meinem Gehirn. Er überdeckt all das andere, was ich auf dem Plan hatte.

Es ist die pure Lust, die den Platz einnimmt, den ich für mein heutiges Schreiben reserviert hatte.

Ich lese im großen Weltgedächtnis des Internets über die Lust: „Man isst nicht eigentlich zwecks Anhebung des Zuckerpegels, sondern aus Lust; nicht die Fortpflanzung ist ein Grundbedürfnis, sondern die in der Begattung empfundene Lust."

Traudl steht in der Küche am Backofen und summt. Das tut sie sonst nie. Es ist ein lustvolles Summen. Eine Art Beschwörung, ein Zauber, ein Ritual. Man könnte meinen, ohne dieses Summen gelingt der Kuchen nicht. Warum summt sie nicht, wenn Bratkartoffeln in der Pfanne schwitzen?

Lust

„Lustgefühle sind im weiteren Sinne eine sich selbst generierende Erlebnisweise. Die körperlichen sind grundverschieden von denen der ästhetischen Sinneswahrnehmung und denen der sich unmittelbar im Geiste entwickelnden Gedanken, Vorstellungen und logischen Empfindungen. Das Gefühl der körperlich erlebten Lust kann sich aber mit allen denkbaren Arten sowohl der Wahrnehmung als auch der rein gedanklichen Logik verbinden und zu deren Gefühlseinfärbung führen. Fehlt die Fähigkeit zu diesen variablen Einfärbungen, die dem Erleben der Lust Gestalt geben, ist dies ein Anzeichen für die Erkrankung an Depression...", lese ich im Internet.

Aha, denke ich. Liest sich interessant. Doch wer soll das verstehen? Ich lese nochmal und nochmal und am Ende glaube ich den Hauch eines Verstehens zu spüren. Ich kann mich bei diesem Kuchen-Geruch nicht konzentrieren. Anstatt den Einstieg in mein Kapitel zu finden, melden sich die kleinen, verfressenen und zickigen Schwestern der Lust, die „Glüschde", wie wir Badener diese Wesen nennen. Sie begleiten mich nun schon mein ganzes Leben, gut versteckt lauern sie in den Nasengängen, unter der Zunge und selbst in meinen Gehörgängen hängen, ja lümmeln sie und nehmen jedes Rascheln und Knistern wahr. Ob Gutsel- oder Backpapier, Alu- oder Frischhaltefolie. Sobald sie süße Lunte riechen, versetzen sie mich in eine innere Unruhe, ohne Rücksicht auf meine Arbeit oder meinen Schlaf. Sie drängen sich in meine Träume. An Schlafen ist sogleich nicht mehr zu denken. Dann leide ich an meinen Gelüsten, doch lasse ich sie für einen Moment gewähren, stelle mich ihnen.
Noch einmal ziehe ich den Duft des Kuchens durch meine Nase, nähre meine Gelüste. Dann rufe ich in die Küche: „Wie lang musser noch?"
Der Satz: „Ich hätt' mal wieder Glüschde auf en Käs'kuche!" zieht sich seit Generationen durch unsere Familiengeschichte. Er wurde und wird frühestens Donnerstagabend, spätestens jedoch Freitagnachmittag vom Vater an die Mutter gerichtet. Nie umgekehrt. Wieso auch. Der Satz blieb und bleibt dem Vater vorbehalten, genauso wie nur mein Vater die Kuckucksuhr aufzog und unseren Radioapparat steuerte. So ist es geblieben. Bis heute. Heute bin ich Vater.
Das Rezept unseres Käsekuchens ist identisch mit dem Ur-Rezept von 1756, ging und geht stets von der Großmutter auf die Mutter über und dann auf die Tochter. Es steht nirgendwo geschrieben, es ist in den Frauen. Genauso wie es in den Müttern genetisch abgespeichert ist, wie der Christbaum geziert wird, wie die Zahnpasta-Tube, die Nivea-Dose oder die Haarbürste vor dem Spiegel zu liegen haben.
Es gibt viele andere Arten von Kuchen, Torten und Gebäck. Im Badischen insbesondere. Nicht bei uns zuhause, sieht man einmal von Weihnachten ab.

Fremdschlecken abseits des Käsekuchens wird nicht gerne gesehen, jedoch geduldet. Stillschweigend, sofern es außer Haus stattfindet, vor Donnerstagabend und nach Sonntagabend. Man könnte das Wochenende bei uns zu Hause auch als „die Käsekuchenzeit" bezeichnen. Gegessen wird der Käsekuchen Sonntagnachmittag um 15 Uhr. Nicht um 14.45 Uhr und nicht um 15.15 Uhr. Auch das ist in uns, und unsere innere Uhr führt uns pünktlich an den Kaffeetisch. Seit Generationen. Diese Zusammenkunft nennen wir „Kaffee-Trinke", obwohl es „Käs'kuche-Esse" heißen müsste, denn Kaffee ist hier nur Nebensache.

Unsere „Glüschde" werden allerdings schon vorher aktiv. Bei allen Familienmitgliedern ist ab Samstagnachmittag eine knisternde Unruhe zu bemerken, die nach dem Mittagessen am Sonntag in schmerzhafte Wohlwehen überschwappt, in eine drängende und nach Befriedigung lechzende Lust. Diesen Übergang von den Gelüsten zur puren Lust überbrücken wir seit Generationen mit dem obligatorischen Mittagsschlaf, der am Sonntag von 13.30 Uhr bis 14.30 Uhr

Käsekuchenprozession

gehalten wird. Mittagschlaf „halten" sagen wir, so wir auch sagen, eine Messe „halten". Es ist die Zeit, in der wir uns Ruhe verordnen, teils schlafend, teils durch autogenes Training oder Yoga. So versuchen wir unsere heftig wallenden Triebe zu besänftigen, ja in Zaum zu halten. Man könnte es als eine Art „Dressur der Verlockung" bezeichnen und es drängt sich mir eine Zirkus-Szene mit Löwenkäfig auf, in der der Dompteur seinen Löwen gekonnt auf Abstand hält. Denk' ich an das Wort „Versuchung", dann bekommt die Geschichte biblische Ausmaße. Diesen Gedanken stricke ich aber nicht weiter, ist es doch vielmehr die schlichte, ruhende Hinwendung, ein bescheidenes kulinarisches Vorspiel, eine gestaltete und durchdachte Vorfreude auf das Kommende. Auf nicht mehr und nicht weniger als den Käsekuchen.

Mit 4 keuchenden, luftarmen Rufen des Kuckucks aus der Küche (Punkt 15 Uhr!) ist es dann soweit. Man könnte durchaus annehmen, dass wir uns nach all dem hier Beschriebenen wie ein Schwarm Insekten über den Kuchen hermachen. Mitnichten. Es ist ein feierlicher Verzehr, ja fast möchte ich sagen, ein rituelles Spiel, das in seiner Ausformung an japanische Teerituale erinnern könnte oder an die erotischen Spielarten des Kamasutra. Was hier am sonntäglichen Kaffeetisch geschieht, ist mit Ruhe und Gelassenheit praktiziertes Befrieden eines mit Gleichmut anwachsenden Begehrens. Es ist pure Lust, Befreiung und anschließend gleich wieder die Vorfreude auf den kommenden Donnerstagnachmittag, dem Verkündigungstag, der Käsekuchenzeit. Vor dem Käsekuchen ist nach dem Käsekuchen.

Seit 1756 wird in unserer Sippe der Kuchen in 16 Stücke (klassisch) geschnitten. Zwischendurch sind wir kurzzeitig von der klassischen Schnittweise abgewichen und haben den 8er-Schnitt gewagt, sind aber umgehend wieder zum 16er-Schnitt zurückgekehrt, denn die kultiviertere Form des Genusses ist es, 3 Stückchen vom 16er-Schnitt zu verzehren, anstatt ein Maxi-Stück vom 8er-Schnitt.

Ich genieße nicht nur Traudls Käsekuchen, sondern auch das Privileg, schon vor der sonntäglichen Kaffeerunde ein Stück (warm!) essen zu dürfen. Für mich ist dies das fünfte Viertel vom Genuss. Und es ist eine liebevolle Geste meiner Traudl.

Damit sind wir ein wenig von der Tradition abgewichen, und so steht am Sonntag ein verminderter 16er auf der Tafel, doch sind 15 Stückchen bei drei Familienmitgliedern eh' die beste Aufteilung. Mathematisch gesehen. Und Futterneid wird zudem ausgeschlossen.

Ich habe mich wiedergefunden. Bin zurück bei meinem Thema, die Lust, die Liebe und die Leidenschaft des Homo Badensis.

Das im Konjunktiv, also der Möglichkeitsform, geäußerte menschliche Begehren ist wie geschaffen, seine Gelüste zu artikulieren. Dies findet seinen Widerhall bei uns in der Region mit Sätzen wie:

„Mar könnt' doch mal widder..."

„Meinsch net mir sodde ..."

„Also ich hätt' nix dagege, wenn mir ..."

„Ich könnt' mir gut vorstelle, dass mir zwei..."

Der Konjunktiv ist für unsere Gelüste ein Türöffner. Durch diese Tür tritt unser Wunsch, unser Verlangen. Er ist der Erfüllungsgehilfe unserer Sehnsüchte, das charmante Anfragen, das sachte Anklopfen, das leise Kratzen an der Tür zum Schlafzimmer.

Dass der Wunsch nach Befriedung auch die Ablehnung in sich trägt, diesen Schatten des Begehrens sollten wir in Hinterkopf, der Herzkammer und im Unterkleid behalten.

Im Falle der Versagung bleibt der Begehrende zurück mit seinen Gelüsten und muss diese unterdrücken oder umleiten. Zum Beispiel, indem er/sie zur Mutter/Schwiegermutter fährt, beim Bäcker sich Ersatz holt oder seine „Glüschde" in eine ganz andere Richtung lenkt. Doch Vorsicht! Gelüste sind nagende, verwöhnte und zickige Wesen.

„Bedürfnisse entstehen unbewusst durch Bilder, Gedanken oder sinnliche Wahrnehmungen, sind auch ursprünglich auf ein bestimmtes Lustobjekt gerichtet, tragen aber die Möglichkeit in sich, ihr Ziel kurzfristig zu ändern...", lese ich im Internet.

Hiermit bin ich bei den Liebes-Gelüsten angelangt und so mancher Leser wird sehnlichst ausrufen: „Endlich!"

Das Umleiten von kulinarischen Gelüsten zu erotischen Gelüsten (und umgekehrt) ist weit verbreitet. Übertragungen sind jedoch mit Vorsicht zu genießen, denn sie tragen, wie eben erwähnt, immer die Gefahr in sich, dass das Begehren abgelehnt werden kann. Hier sehen wir den Unterschied zum Käsekuchen. Dieser ist den Gelüsten des Begehrenden ausgeliefert. Liegt das Kuchenstück erst mal auf dem Teller, gibt es für ihn kein Zurück mehr. Bei liegenden Lustobjekten menschlicher Art (auf Sofa oder Bett) ist noch gar nichts über den eventuellen Fortgang der lustvollen Betätigung zu sagen. Wie schnell ist das Objekt der Begierde aufgestanden und hat sich vom Sofa gemacht. Der Käsekuchen hingegen bleibt geduldig auf dem Teller liegen. Er wird vernascht, ob er will oder nicht.

Lustübertragungen auf Menschen sind ein heikles Thema. Aus gängiger und moralischer Sicht sollte die Zielperson stets klar definiert sein. Ehefrau statt Nachbarin, Freundin statt Tante, Briefträger statt Kaminfeger.....

Nicht immer sind in einer Beziehung die Bedürfnisse übereinstimmend. Hier rate ich zu liebevoller Gelassenheit. Zurückweisungen gehören zu Lust, Liebe und Leidenschaft, wie die Nacht zum Tag. Im Falle einer Ablehnung von sexuellem Begehren hat sich aus meiner Erfahrung das Folgende bewährt:

„Na machsch mir wenigstens en Käs'kuche!"

(Es können sowohl kulinarische Gelüste zu sexuellen umgeleitet werden, als auch sexuelle zu kulinarischen. Also eine Triebumkehrung.)

Die Liebe zu den kleinen, unscheinbar wirkenden Dingen, den kleinen Gelüsten, bis hin zu der großen, menschlichen Zweisamkeit unterliegt großer Achtsamkeit. Dies gilt für den Käsekuchen genauso wie für die Partnerschaft. Einmal Nachlässigkeit gezeigt und schon ist das Objekt der Begierde, der Leidenschaft oder der liebvollen Hinwendung angebrannt.

Traudl steht mir im Rücken. Ich habe ihr Kommen nicht bemerkt. Plötzlich ist sie da. Ihren warmen Leib drückt sie an meinen Rücken, ich lege meinen Hinterkopf zwischen ihre Brüste, die sie wie zwei weiche Kissen zwischen uns schiebt.

Mit Daumen und Zeigefingern hält sie mich an beiden Ohrläppchen fest. Es ist ein leichtes Drücken, ein Unentschieden noch und ich frage mich, an welchem Ohr wird sie mich ziehen, denn sie hat meinen Text gelesen und sucht nach einer Deutung. „Wie kommsch du jetzt vom Käs'kuche auf unsere ehelichen Intimitäte?"

Nun bin ich gefordert. Nun gilt es eine Brücke zu schlagen zwischen den verschiedenen Untiefen der Lüste, zwischen Mann und Frau, Lust und Last, süßem Quark und süßen Lippen.

„Weisch des nimme, Schatz, wie du auf der Trepp' g'sesse bisch, bei sellem Konzert. Ich war ganz verstrubbelt, durch de Wind, wie ich dich da g'sehe hab. Vor allem wie ich deinen Duft g'roche hab: Die riecht nach Käs'kuche! Da hat mir mei Nas' g'sagt: die Frau hat vor kurzem en Käs'kuche im Ofe g'habt. Die kann backe. Was kann die noch alles? So jemand such' ich. Unwiderstehlich hasch du g'roche. Kein bissel angebrannt."

Nun zieht sie fest, fast schmerzhaft meine beiden Ohrläppchen nach unten.

Um dieses große Glück, dieses wollüstige Drängen zu verstehen, versetzen wir uns einmal in den Zustand der Unlust, denn erst der Verlust zeigt uns den Wert des Verlorenen. Unlust ist die entgegengesetzte Erlebnisqualität der Lust.

Unlustig und schwerlastig

Stellen wir uns vor, die Unlust überkommt den Homo Badensis wie ein böser Fluch. Es würde ihm nicht mehr schmecken, er würde Wasser trinken und die einst so brachiale Leidenschaft, sein triebhaftes Verlangen, das ihn seit Urzeiten verfolgt wie ein hungriger Wolf, würde ihm abhanden gekommen sein. Was wäre dies für ein dumpfes Leben. Wirtshäuser wären in die Insolvenz getrieben, Winzergenossenschaften trocken gelegt, Bordelle verwaist, Autohäuser bankrott, der Garten voll Unkraut, die Sportplätze würden brach liegen, das Vereinsleben erlahmen. Die Menschen teilnahmslos, das Kikeriki in den Hühnerställen wäre genauso verstummt wie das Bellen der Hunde und das Röhren der Hirsche. Die Frage nach dem Befinden würde nicht mehr zu Gehör bringen als ein müdes: „Ich hab keine Lust auf nix!"

Lust, diese „wohligen Schmerzen", wie sie der Glottertäler Psychoanalytiker Friedhelm Faller beschreibt, diese „Libido des Gaumens", das „Über-Ich von Hunger, Durst und Verlangen" wäre nicht mehr dort, wo es hingehört. Der Homo Badensis würde unter etwas leiden, das sich anfühlt wie Muskelkater der Seele.

Die einst so fröhlichen, unter knallroten und saftigen Bollen lachenden Schwarzwälderinnen würden der Unlust anheimfallen. Gerade haben sie sich aus der starren, über Jahrhunderte festgezurrten Rolle befreit, haben sich endlich einem nie dagewesenen Vaginalpatriotismus hingegeben, um aus dem übermächtigen Korsett katholisch-klerikaler Rituale zu schlüpfen, da sind diese Schwarzwälder „Emmas" von Unlust geschwängert und kehren unter ihre strohgedeckten Küchenzellen zurück, um sich den mehligen Bratkartoffeln von einst hinzugeben. Welch' ein Verlust, 200 Jahre nach der Blütezeit der Aufklärung.

Stellen wir uns nur einmal vor, es gäbe von geheimen Mächten gesteuert, vielleicht der lustfernen, seit Urzeiten moralisch voranschreitenden katholischen Kirche, oder von gemeinen Viren und kosmischen Stäuben, eine landesweite Unlust. Es wär die Hölle. Der Schmerz des Verlustes wäre unerträglich. Ein Phantomschmerz, der im Homo Badensis eine Leere hinterließe, die er nicht gewohnt wäre, denn er war stets von Lust umgeben.

Er würde hernach den Psychiater aufsuchen, den Pfarrer, den Heilpraktiker. Er hätte zu seiner abhanden gekommenen Lust nun auch noch eine hohe Arztrechnung. Er würde nicht mehr nach rechts, nicht mehr nach links schauen. Was da durch Triberg, Unzhurst, Pfinztal oder Heidelberg stolpern würde, hätte nichts mehr gemein mit dem einst so lustvollen Badener. Nehmen wir an, er würde auf irgendeiner Brücke über Rhein, Murg, Kinzig oder Rench stehen und sein Leid würde ihn in die Tiefe ziehen.

Vielleicht würde er sich kurz vor dem Sprung in die Tiefe besinnen, weil ein verloren gegangener Geruch seine Nasenhärchen kitzelt.

Liebe 1

Ein Duft, von göttlicher Vorsehung gesandt, guten Mächten oder einem reitenden Boten des Badischen Staatstheaters.

Wie auch immer. Der Homo Badensis würde dieser wohlriechenden Verheißung folgen, die er tief im Innern einzuordnen glaubt und die von seinen verloren gegangenen Trieben wieder erkannt wird. Sozusagen sein verloren geglaubter olfaktorischer Fußabdruck.

„Maria voll der Gnaden sei Dank" würde man ihn ausrufen hören, denn er würde, und er könnte auch gar nicht anders, dem Duft folgen. Dem Duft, der ihn vor dem Sprung ins Verderben rettet.

Schlafwandlerisch würde er den duftigen Schwaden folgen, die ihn sodann vor eine kleine Konditorei führen würden. Aus der geöffneten Ladentür würde ihm in wuchtigen Wellen dieser seit Kindertagen bekannte Duft nach Käsekuchen entgegen wehen. Er wäre beseelt und auf gutem Wege zurück zu seinen geliebten Gelüsten und zu seiner verlorenen Lust. Ja, Käsekuchen kann mehr als beglücken. Er kann Leben retten.

Süß

Oh wie lechzen meine Lippen, meine Nasenschleimhaut bebt, meine Augen
laufen über, nie hab' ich sowas erlebt.
Hei! Wie Dampfnudeln sich schamlos schmiegen, zum nächsten besten Christ-
stollen sich schmiegen, dass selbst der Schwindbeutel erbleicht.
Wie dicke Streusel Striezel strudeln, sich entblätterteigen, ihre Honigherzen
zeigen, sich kandieren, süßlich plundern, dass selbst der trock'ne Gugel hupft
und in die nächste Plinse schlupft. Da sind auch gleich die sonst so braven
Mandelschnitten auf Mozartkugeln ausgeritten.
Welch' ein Toben, welch ein Stöhnen. Selbst der bröselige, teige Mürb verlangt
nach warmen Katzenzungen und hat sie vor den Augen aller, zum Dahin-
schmelzen gezwungen. Und plötzlich seh' ich dicke fette Krapfen mit süßen
Buchteln schwuchteln, während Hefe-Weihnachtsmänner, jene großen
Kuchenkenner, an billigstem Konfekt sich necken, es sich sogar in Hintern
stecken und sich zu aller Schande an Sultaninen selbst bedienen.
Und lieber Gott, du musst sie watscheln, weil sie jungfräuliche Zwetschgen
datscheln. Und schließlich voll von Kokosflocken, sich auf Nonnenfötzchen
hocken. So geht das nun die ganze Nacht. Nur einer hat nicht mitgemacht.
Er hasst den klebrigen Tanz. Der ranzige Krankfutter Franz.

Traudl sagt nichts. Das ist kein gutes Zeichen. Auch ihr Summen ist verstummt. Ich spüre das Heben und Senken ihres Bauches an meinem Rücken, die warmen Hände auf meiner Schulter (es scheint, als sei ihre Körpertemperatur um ein Grad gefallen) und höre dieses mit Kopfschütteln einhergehende und rhythmisch ausgestoßene „Mh-mh-mh!"

„Jetzt tät grad noch fehle, dass du eine typisch Badische Lust entdecksch!"

Dies wäre zu erkunden, denke ich bei mir, während sich Traudl verabschiedet und Minuten später im Trainingsanzug das Treppenhaus hinunterspringt, um mit ihrer „Smooving-Gruppe" durch den Kappler Wald zu kurbeln. Auch dies wiederum ein von Lust getragenes Treiben, mit der Traudl ihre Lebensgeister zu vitalisieren weiß, schweißtreibend wie beglückend.

Ich bleibe zurück mit dieser Frage nach einem regionalen Lustempfinden. Allein die These jeder Volksgemeinschaft, sie sei Gottes beste Schöpfung, gibt der Beantwortung meiner Frage noch keine Nahrung. Doch nimmt meine waghalsige Vermutung, es könnte eine exklusive, ja ganz eigenständige und besondere Lust der Hiesigen geben, Gestalt an, betrachten wir den Homo Badensis bezüglich seines Eingebettet-Sein in eine klimatisch gesegnete Region, die wir im weitesten Sinne als mediterran bezeichnen können.

Eine gewagte Annahme, jedoch wert, sie in den Diskurs einzubeziehen, ist diese These doch auch von wissenschaftlicher Seite ernsthaft untersucht und bewertet worden. Das Mediterrane an sich ist selbstredend sinnbildlich zu verstehen. Doch der Einfluss der bei uns über alle Maßen scheinenden und wirkenden Sonne ist nicht nur sinnbildlich. Er ist Fakt. Der Sonne haben wir nachweislich unser außergewöhnliches Lustempfinden zu verdanken.

(Vergleiche: Hamburg, Brandenburg, Thüringen ...)

Der Leben spendende Planet mit seiner schier unendlichen Energie beschert uns im Reigen aller Deutschen Ländereien ein überaus sonniges Gemüt. Mehr noch, die Badische Sonne weckt in uns das in kühler Dunkelheit harrende Begehren, die Lust und die Liebe (Vergleiche: temperamentvolle Sizilianer, heißblütige Spanier, lustvolle Kaiserstühler).

Ja, Casanova hätte auch ein Kaiserstühler sein können.

Ich habe für Traudl das folgende Liebesgedicht geschrieben. Es entstand in der Mittagshitze eines dieser legendären Badischen Sommertage im August, an dem das Quecksilber weit über die 36-Grad-Marke getrieben wurde. Ich saß auf unserer Terrasse, weder im Schatten, noch trug ich beim Verfassen meinen Strohhut. Eingecremt hatte ich mich nicht und die Mittagssonne konnte ungehindert und mit all ihrer Kraft auf mich niederbrennen.

War dies ein Experiment? Gewiss, das war es. Ein literarisches Sonnenwerk, Sonnenlyrik, wenn Sie so wollen. Bilder, Reime, Sätze, von der Sonne verwöhnt.

Dadaistisches Liebesgedicht

Du da Du, mein Duddel-Mich
ja Du mein Dich, Dich meine ich
Duze Du, mein Ich herbei
wir zwei und Uns, das macht jetzt drei

Wir sind Du und Ich bin Dein
Dein Einmaleins, Dein Ein und Ein
und wenn Dein Du, mal ohne Mich
so rufe Du, mein Unser Ich

Unser Wir soll Uns vereinen
jeder auf des andern Beinen
jeder auf des andern Du
jeder in des andern Schuh

So Du, nun lass Uns Wirzen
Dein Du, es soll mein Ich bezirzen
so will mein Du, am Mich sich reiben
dass Wir am Uns, fest kleben bleiben

Traudl ist zurück von ihrem lustvollen Schwingen mit den kleinen Schwungreifen, mit denen sie in der Gruppe ihrer Mitschwingerinnen durch die heimischen Wälder pendelt. Die Lust auf Bewegung will gestillt werden. Auch wenn dies Qual und Mühsam bedeutet, letztendlich aber in Befriedigung mündet. Traudl steht hinter mir, hat ihre Schwungräder links und rechts meiner Tastatur abgelegt und drückt ihren warmen Bauch an meinen Rücken, legt die gut durchbluteten Hände an meinen Hals. Noch geht ihr Atem tief, schlägt ihr Herz über Gebühr an meinen Hinterkopf, hängen feuchtwarm die Brüste wie reife Äpfel an dessen Flanken.
Zu manchen Zeiten ist das Schreiben eine Qual. Ein Suchen ohne ein Finden. Ein Stochern. Eine Last. Eine Begierde, die sich nach Befriedigung sehnt. Hinter mir Traudl, vor mir im Geiste Professor Friedhelm Faller.

Liebe 2

„Dem Homo Badensis ist in seiner eitlen, ja feudalen Hinwendung, eine homöopathische Dosis Narzissmus zuzuschreiben, was ihn einerseits der Pathologie (siehe Sadomasochismus) zuordnet, ihn aber andererseits heraushebt vom nicht allzu hoch angesiedelten Lust-Niveau anderer Volksgemeinschaften."
Ich möchte diesen Ausführungen von Prof. Friedhelm Faller (in seinem Standardwerk „Last und Lust in Baden") keine überbordende Bedeutung zueignen, doch scheint es tendenziell in die richtige Richtung führen, zumal es im Ansatz an Sigmund Freuds Narzissmus-Forschung anknüpft.

Lesen wir Namen wie Lolita, Molli, Sissi oder Wendy, so läuft zumindest dem männlichen Homo Badensis das Wasser im Munde zusammen. Doch fließt hier nicht lüsternes Mundwasser, sondern das hinlänglich bekannte Hungerwasser, denn die vier genannten Damen sind nicht zuhause in den Rotlichtmilieus, sondern tief in satter, Badischer Scholle. Es sind vier Spezies, wahllos herausgegriffen aus einem Gemenge von 255 Kartoffelsorten. Und diese Zahl hat keinen Anspruch auf Vollständigkeit.
Zierkraut, Lustpflanze, Nahrungsmittel, Futtermittel und Industrierohstoff. Nach Europa, speziell nach Baden, kam die „Grummbier" Mitte des 16. Jahrhunderts aus Südamerika. Und wen darf es wundern, uns von feudaler Herrschaft verwöhnten Badenern war sie ob ihres schmucken Laubes als Zierpflanze geschenkt, die sodann in markgräflichen Lustgärten ihr Zuhause fand. Erdapfel wurde sie genannt. Was für ein Name für einen floralen Liebesgruß, der uns unweigerlich an den Paradies-Apfel oder die Quitte denken lässt. Und genau wie in der biblischen Erwähnung von Lust und Verlockung, steckt in jeder süßen Frucht, wie auch in der Kartoffel, ein teuflischer Wurm.
So hat Markgraf Karl Wilhelm (Karl Nr. 3, Markgraf von Baden-Durlach, Stadtgründer, geboren am 17. Januar oder 27. Januar 1679 in Durlach, gestorben am 12. Mai 1738 in Karlsruhe, Erbauer der juristischen Residenz Karlsruhe), seiner Wilhelmina von Württemberg (eine faserige Trockenblume) ein Sträußchen Kartoffelkraut zur Vermählung geschenkt. Während sie in der Durlacher Karlsburg schmollte und schließlich verdorrte, widmete er sich seinem gärtnerischen Hobby.
Ein Hobby, eine lustvolle Hinwendung nutzloser Tätigkeiten, hat fast ein jeder. Reben, Briefmarken, Bierdeckel. Unser Markgraf sammelte Tulpen. Darüber hinaus gründete er gern Städte. Zum Beispiel Karlsruhe. Doch die Botanik blieb sein liebstes Steckenpferd, auf dessen Sattel er mit inbrünstiger Lust stieg. Neben den Tulpen, die er in seinen weitläufigen Gärten pflanzte, und deren Zwiebeln er unter schamloser Aufbringung von Steuergeldern aus Holland kommen ließ, pflanzte er auch jenes zierende Krautgewächs der Kartoffel. Und wie man in den

Geschichtsbüchern lesen könnte (hätte es einer gewagt aufzuschreiben), waren die Liebessträußchen, die er bei seinen nächtlichen Besuchen bei den taufrischen Tulpenmädchen überreichte, liebevoll gebundene Bouquets aus Kartoffelkraut.

Er hielt sich ein kleines Sortiment (je nach Saison) von 43 bis 69 Tulpenmädchen, die mit ihm sangen, musizierten und gärtnerten, also ackerten. Ja, er hielt sich diese Mädchen, wie man heutzutage Meerschweinchen oder Gänse hält.

Bei dieser Gärtnerei keimten mindestens 29 uneheliche Kinder, die allesamt den Namen Karl trugen. Auch die Mädchen. Wer als Leser oder Leserin des hier Aufgezeichneten ebenso den Namen Karl trägt, dürfte wohl zu den Nachfahren eines der Tulpenmädchen gehören, denen Karl seine Zwiebel einpflanzte.

Viel Spott musste unser Badischer Sultan aufgrund seiner Lustgärtnerei ertragen. Aber ein gesundes markgräfliches Gemüt wie das seine steckte das locker weg. Denn wer im Humus daheim ist, den kann nichts beschmutzen.

Liebe 3

Wie so oft in der Geschichte, war es der Sparzwang, der der ganzen Lüstelei ein Ende setzte. Und so verließ das letzte Tulpenmädchen 1733 den Karlsruher Hof, 5 Jahre bevor Karl sein Setzholz niederlegte, um bei Bratkartoffel und Sauermilch seinen Lebensabend zu verbringen. Und mit jedem Bissen wird er sich wohl mit Wehmut an die liebevoll gebundenen Sträußchen aus Kartoffelkraut erinnert haben.

In Erinnerung an diese Geschichte reihte man die Kartoffel zu den Nachtschattengewächsen ein, denn dem nachtschattigen Treiben war unser Kartoffel-Karl sehr zugetan.

„Jesses, Schatz! Unser Markgraf. Also des kann ich mir net vorstelle, dass des so en Mädles-Schmecker g'wese sein soll. Ich seh' ihn ja noch vor mir, in seiner Ritterrüstung, de Zobel drübbernübber g'worfe. Stolz steht er da, grad frisch vom Frisör g'komme, e Dauerwell' wie Schmids Sieglinde. Und des schöne Schloss, des er gebaut hat, die Majolika, die Pyramid aufem Karlsruher Marktplatz, s' Kaufhaus Schneider. Also noi, Schatz, des kann ich mir net vorstelle!"

Bei den Umgangs- und Verhaltensformen, den Gepflogenheiten und den Sitten wird's dramatisch. Nicht nur am Hofe von Karl Wilhelm, sondern in ganz Baden. Moral ist der Schlüssel zur Zivilisation. Meistens sucht man ihn. Irgendwann findet man ihn. Doch meist geht es nicht lange, da sucht man ihn erneut. Moral beschreibt Handlungen, die ein Mensch oder eine Gesellschaft von anderen Mitmenschen erwartet. Moral soll also dafür sorgen, dass Menschen ein bestimmtes Verhalten an den Tag legen.

In unseren heimischen Breiten kennen wir die Sitte, bei Geburtstagseinladungen eine Flasche Wein, Kirschwasser oder eine Schachtel Mon Chéri mitzubringen.

Nun wollte ich beim sechzigsten Geburtstag eines Verwandten, zu dem wir eingeladen waren, eine Schubkarre Pferdemist mitbringen. Dies war nun eine ganz und gar ernsthafte, von mir gut durchdachte Idee, weiß ich doch, dass Herbert samt seiner Setzlinge sich darüber gefreut hätte. Herbert ist passionierter Hügel-, Hoch- und Höckerbeet-Aktivist und weiß um die wachstumsfördernde Wirkung von Pferdemist.

Es waren die reifsten Pferdeäpfel aus Demeter-Landwirtschaft, die ich im Auge hatte, vakuumverpackt im Mehrwegsack. Ich hatte an alles gedacht. Der Transport wäre geruchsneutral vonstatten gegangen.

Vor Ort hätte ich die Pferdeäpfel in einer Schubkarre dekorativ drapiert und mit Tannenzweigen garniert. Das Auge schenkt mit, die Nase schweigt höflich und der Jubilar freut sich von Herzen. Davon war ich überzeugt.

Doch hatte mir Traudl davon abgeraten. Aus moralischen Gründen. Es entspräche nicht den hiesigen Gepflogenheiten, zu einem Geburtstag Pferdemist zu schenken. Ein diesbezügliches Verhalten sei sittlich bedenklich. Ja anrüchig. Sie plädierte auf einen Karton Sternenberg Riesling sowie eine Schachtel Mon Chéri.

Ich hatte eingelenkt. Des lieben Friedens Willen. Mit eben jenem Karton Sternenberg Riesling, einer Packung Mon Chéri und einem Blumenstrauß gingen wir zur Geburtstagsfeier.

Nachdem wir Herbert gratuliert und ihm unser Geschenk überreicht hatten, nahm ich ihn zur Seite und flüsterte ihm zu: „Nächste Woche bring ich dir noch en Sack Pferdemist vorbei!"

Es vergingen Wochen, bis wir wieder zu einem Geburtstag eingeladen waren. Diesmal standen wir nicht vor der Frage, was schenken? Diesmal wurde Geld gesammelt, denn das Festkomitee hatte sich ausgedacht, dem Jubilar (50) eine besondere Freude zu machen. Der 50er ist ein ganz besonderer Geburtstag, und der soll auch gebührend gefeiert werden. Es kam genug Geld zusammen, um die Idee des eigens für diesen Anlass zusammengestellten Festkomitees (80 % Männer) zu verwirklichen. Es sollte eine Stripperin aus der Torte bestellt werden. Die nackten Fakten:

Premium-Stripperin Ihrer Wahl
Kostüm Ihrer Wahl
Originale Premium-Torte, 3 Ebenen
Inklusiv festlicher Sprühfontänen
1 Konditormeister für die Lieferung
Festliche Übergabe der Torte
Im Anschluss ein Profi-Strip
Gesamtdauer: 20-25 Minuten

Dies war nun wirklich schön ausgedacht zur Freude des Jubilars und natürlich auch zur Freude der Gäste. Man hatte sich von der Show viel erwartet, bzw. wenig... an Dessous. Für die völlige Entblätterung der im Tortenshop ausgespähten und wahrlich ansehnlichen Dame hatte es dann doch nicht ausgereicht. Da haben 200 Euro gefehlt. Aber immerhin. Obenrum blank.

Der Abend erfüllte die Erwartungen voll und ganz. Das Wort „Denkwürdig!" machte die Runde und kaum einer der begeisterten Gäste hatte in dem Wort „Denkwürdig" die Worte „Denken" und „Würde" entdeckt. Die „Moral" war an diesem Abend nicht eingeladen. Und wäre sie trotzdem gekommen, es hätte sie keiner beachtet.

Und ich hatte in dem Moment, als die junge Dame aus der Torte stieg, an meine Schubkarre mit dem Pferdemist gedacht, die aus moralischen Gründen für eine feierliche Übergabe ungeeignet schien.

Und die Moral von der Geschicht'? Es steckt in manchem Karren Mist mehr Liebe, Lust und Leidenschaft, als in mancher süßer Torte.

Es ist früher Abend geworden. Der Kuckuck ruft mit seinem asthmathischen Keuchen acht Mal. Er ist seiner Zeit voraus, es ist also 19 Uhr. Traudl geschirrt in der Küche und ich vermisse ihren warmen Bauch an meinem Rücken. Am Abend bin ich etwas älter als am Morgen, fühle mich zerknittert wie ein altes Hemd und auch ein bisschen morsch in meinen Knochen. Wer lange sitzt von früh bis spät, dem sind die Beine bald verbogen. Und all die Bänder, die Scharniere und all das, was uns hält, das fängt nun an zu knarzen und zu quietschen. Den seltsamen Geräuschen nach zu urteilen spült Traudl das Geschirr, hört SWR 3 und singt dazu.

Es gelingt nicht oft, die richtigen Worte für die Liebe zu finden. Oft sitz ich lange wie ein geduldiger Angler am See und zieh dann doch einen alten Schuh aus dem Wasser. Doch andermal ist es ein dicker Fisch.

Ohne Worte

Das Lied vom Kachelofen

Am End' vom Tag gibt's an schöne Moment
wenn de Arsch auf'em Kachelofe anbrennt
wenn die Socke qualme und de Siedepunkt naht
so richtig g'mütlich wird's bei 95 Grad
die Traudel strickt und ich guck ihr zu
tropische Hitz und himmlische Ruh

Refr.: Traudl, leg a Brigeddl uff...

Wenn die Wärme durch de Bobbes nach obe krabbelt
die Darmflora blubbert und de Magesaft sabbelt
wenn de Saich in de Harnblas wohlig köchelt
und de Bimbes g'mütlich in de Unterhos röchelt
die Traudel schnurrt und die Stricknadle klagge
so kann mei Seel so richtig entschlacke

Refr.: Traudl, leg a Brigeddl uff...

Kommt dann aber die Verwandtschaft ins Haus
zieht es die Eintracht zum Schornstein hinaus
beim lezte B'such sind se drei Tag g'sesse
gleichzeitig g'schlofe, g'schwätzt und g'fresse
de Ofe war aus, doch die hocke auch im Kalte
an Schimmel an de Wand isch leichter auszuhalte

Refr.: Traudl, leg a Brigeddl uff...

Doch simmer allein, dann treffe sich Blicke
dann will die Traudl nimme Socke stricke
dann rucke mir z'amme aufem Ofebänkel
Wade an Wade und Schenkel an Schenkel
und während im Ofe die Funke sprühe
fange mir an vor Sehnsucht zu glühe

Refr.: Traudl, leg a Brigeddl uff...

Dann geht's nimme lang und de Büstehalter
fliegt durch die Stub wie en b'soffener Falter
im Ofe da knistert's und s' Bucheholz knackt
inzwische hat die Traudel sich ganz ausgepackt
auch ich ohne Hemd und nur noch in Schlappe
dazu heiße Luft aus de Ofeklappe

Refr.: Traudl, leg a Brigeddl uff...

Plötzlich e Krache, e Stichflamme sticht
des Ofetörle scheppert und die Brennkammer bricht
ich seh wie sich über mir die Kachle verschiebe
doch die Traudel schmust weiter, des isch wahre Liebe
und dann tuts an Bums!...jesses bin ich verschrocke
die Traudel wollt sich g'rad auf mei Zündkerz hocke

Refr.: Traudl, leg a Brigeddl uff...

Die Dichtunge schmore, die Kachle springe
während mir mit'nander lustvoll ringe
des Oferohr kommt runter, es raucht aus'em Schacht
die Wänd stürze ein, die Ofebank kracht
doch mir mache weiter, denn die Liebe ist stärker
als Erdbebe, Sintflut und Kachelofe-Ärger

Refr.: Traudl, leg a Brigeddl uff...

Traudl hat eben in den 19-Uhr-Nachrichten gehört, dass Baden im Glücks-ranking Deutscher Regionen zusammen mit Hamburg auf Platz 2 geklettert ist (Württemberg Platz 10!). Sie serviert mir diese Nachricht, als hätten wir im Lotto gewonnen. Haben wir ja auch.

Ich werde das Kapitel mit dieser guten Nachricht beenden und mich zu mei-ner Abendrunde aufmachen. Werde Nachtluft in mich fließen lassen, sie mit meinen Gedanken vermischen zu jenem wohltuenden Schlafbrei, der mich gut ruhen lässt.

Auf dem Kappler Friedhof bleibe ich beim Grab vom Friedl stehen, unweit sei-nes Fachwerkhauses, wo er zu Lebzeiten gewohnt hat. Er ist zu Hause und so klopfe ich an den Stein und erzähle ihm von der Nachricht im Radio, dass die

Badener im Glücksranking ganz oben stehen. Für ihn gelte dies, meint Friedl, ganz im Besonderen, denn wer hat schon das Glück, an einem so schönen Platz zu liegen. Hier auf dem Kappler Friedhof, über den Dächern und über allem, was einem zu Lebzeiten gedrückt hat. Da sei ja nun das bisschen Erde über'm Leib rein gar nichts. Besuch habe er hier auf dem Friedhof reichlich, mehr als zu Lebzeiten. An manchen Tagen käme er kaum zur Ruhe und er habe sich überlegt, ober er aufgrund seines Alters und seines Ruhebedürfnisses nicht Sprechzeiten einführen sollte.

Dann berichte ich, was mir heute durch den Kopf ging, was ich geschrieben habe über Liebe, Lust und Käsekuchen, über Pferdemist und Stripperinnen aus der Torte. Friedl ist froh, dass ich ihm dies alles erzähle und er es mit seinen schlechten Augen nicht selbst lesen muss. Die Geschichte mit dem Pferdemist findet er am besten. Die sei so recht nach seinem Geschmack. Über die Stripperin müsse er in Ruhe nachdenken. Über Moral habe er zu Lebzeiten viel nachgedacht. Vielleicht zu viel. Sie sei ihm hinterher gerannt und habe versucht, ihn zu missionieren.

Dann verabschiede ich mich und rufe ihm ein „Adiöh bis morge!" hinunter. Und er: „Morge bringsch mir von sellem Käs'kuche e Stückel!"

Ein edles Holz

Was uns satt macht und warum nicht

3
Mittwoch

„Was solle mir denn heut' koche?" Diese Frage könnte in großen Lettern über dem Türrahmen jeder Küche stehen. Ich kenne auch die Variante: „Was könnte mir denn heut' koche?" beziehungsweise „Was wolle mir denn heut' koche?" Was immer wir auch sollen, können oder wollen, der Hunger drängt zur zeitnahen Beantwortung der Frage. Es ist und bleibt eine der großen, alltäglichen Herausforderungen. Für die einen mehr, die anderen weniger.

Auch Traudl fragt mich dies mit der Präzision einer Schwarzwälder Kuckucksuhr. Mit „mir" meint sie sich. Sie kocht, ich schreibe. Sie kritisiert, ich esse. Gemeinsam überlegen wir, ich schlage vor, sie entscheidet.

Beim Einkaufen halte ich mich etwas bedeckt, also im Hintergrund. Dies hat sich im Laufe vieler Jahre so ergeben. Ich darf behaupten, dass ich ein ausgesprochen geschickter Einkaufswagenlenker bin, gerade im Gedränge oder in schmalen Passagen von Ladenregalen. Auch bei hoher Geschwindigkeit weiß ich unfallfrei durch den Markt zu steuern. Ich schiebe den Einkaufswagen nicht, ich fahre ihn. Traudl belädt ihn. Ich weiß ihn sanft zu bremsen, so dass bei plötzlich querenden (Rechts vor Links!) Fahranfängern abrupt gebremst werden muss und die Eier nicht wie Geschosse an den vorderen Wagen-Korb datschen. Ich weiß ihn geschickt in der Warteschlange einzuparken, fahre auch bei dichtem Gegenverkehr routiniert vorwärts wie rückwärts und, was eben nur mit Einkaufswagen möglich ist, seitwärts. Diese zirzensische Fahrweise liegt mir besonders. Und habe ich zur frühen Stunde viel Platz vor dem Kühlregal, dann lege ich auch mal eine Pirouette hin und lasse mich von der Fliehkraft meines Wagens in einen Einkaufsschwindel versetzen.

In vielen Alltagsgeschäften haben wir die klassische Aufteilung, in anderen wiederum nicht. Zum Beispiel hakt sich Traudl nicht beim Spazierengehen in meinen angewinkelten Arm, wie man dies bei vielen Paaren sieht. (Einer winkelt den Arm an, der andere hängt sich ein.) Zum einen ist mir das nicht besonders kommod, zum andern ist mein Arm kein Henkel. Zudem sieht es aus, als sei meine Spazierbegleitung gehbehindert. Traudl und ich halten uns

Ohne Worte

an der Hand. Auch wieder so eine gewohnte, in meiner Familie seit 1756 praktizierte Partnerschaftsübung, von der wir nicht abrücken. (Einer hält die Hand auf, der andere greift hinein.) Manchmal lege ich auch meinen Arm um ihre Schulter, was aber auch wieder nicht sehr angenehm ist, weil wir die gleiche Körpergröße haben und ich nach ein paar Minuten einen Schulterkrampf kriege, was meist die Blicke der Vorübergehenden auf uns zieht, weil ich ein schmerzverzerrtes Gesicht mache und es den Anschein hat, Traudl würde mich auf dem Weg zum Arzt stützen.

Bei gemeinsamen sportlichen Aktivitäten, bei denen Traudl mit ihren Schwungrädern trainiert, geht jeder für sich, was ich nach spätestens zwei Kilometern wiederum als unangenehm empfinde, weil eine unerklärliche Taubheit in den Fingern zu spüren ist. Vermutlich psychisch bedingt. Eine Art Hand-Heimweh. Wie auch immer, wenn man sonst keine Erklärung hat, ist es eben psychisch. Ich schweife ab, ich wollte über's Kochen schreiben.
Wie anfangs erwähnt, Traudl kocht. Was sie kocht wird beim Frühstück erörtert. Diese Erörterung führt (nachdem ein Vorschlag meinerseits auf dem Tisch liegt) dazu, dass sie entgegnet: „Des habe mir doch erst kürzlich gegesse!" Kürzlich kann gestern heißen oder vor 4 Wochen.
Essen ist immer Wiederholung und das muss auch so sein, denn Traudl ist nun gerade nicht die Experimentalköchin, der jeden Tag ein neues Gericht einfällt. Wir haben ein bescheidenes, besser gesagt überschaubares Repertoire, aus dem wir schöpfen.
„Du könntest mal wieder Dampfnudle mache." Hatten wir die vergangenen 4 Wochen keine Dampfnudeln, so stehen die Chancen gut, dass mein Vorschlag Anklang findet. An der Stelle fragt Traudl, gerade so, als hätten wir jemals etwas anderes als Vanille-Soße dazu gegessen: „Mit Vanill-Soß'?" Vanillesoße essen wir seit 1756 zu Dampfnudeln, genauso wie wir jeden Sonntag Käsekuchen essen. Und trotzdem erwidere ich auf ihre Frage: „Ja, Vanillsoß' wär' net schlecht." Gerade so, als ob es eine Alternative gäbe. Dieses Spiel lieben wir und es gibt zwischen uns kaum etwas Unterhaltsameres, als das Eindeutige zu bezweifeln, dem Alternativlosen noch eine Variante hinzuzufügen und das bereits Gekochte nochmal zu kochen.
Ich muss zugeben, dass wir bezüglich unseres Repertoires etwas eingefahren sind, weswegen ich gelegentlich vorschlage: „Du könntest ja heut' mal ganz was anderes koche'!" Das führt gewöhnlich zu nichts, weil sie darauf erwidert: „Ja schmeckt dir net, was ich koch'?"
Ich erinnere mich an eine asiatische Woche, für die Traudl unser Gewürzregal erweitert hat. Das ist nun ungefähr ein halbes Jahr her, und die Ingwerknolle

oben auf dem Gewürzregal erinnert uns stets an diesen kulinarischen Ausflug. Ab und zu bemerkt dann einer von uns beiden beim Anblick der inzwischen arg vertrockneten Wurzel: „Mir könnte mal wieder asiatisch koche." Diese Frage ist jedoch rein rhetorisch. Nur der Frage willen gestellt, als nur „g'rfogt, dass g'frogt isch", weil wir beide die Antwort kennen.

Aufgrund meines spartanisch ausgeprägten Wesens sowie meiner bescheidenen Grundhaltung allem Nährenden gegenüber, die aller maßlosen Üppigkeit fern ist, betrachte ich das trendige Geschirren in der Badischen Hochgastronomie aus der sicheren Distanz und aus der Deckung meiner Töpfe, Pfannen und Kasserollen. Es ist diese mir eigene Gewürzmischung aus gelebtem Misstrauen, angeborenem Zweifel und relativer Heimatliebe.

Köche werden zu Food-Designern, die im Rausch üppiger Kulinarik sich die Aufgabe gestellt haben, universelle Grundbedürfnisse neu zu definieren, ja zu erfinden. Die Schwarzwurst zur Praline zu adeln und das Mittagessen zum Event. Am schwersten hat es der Hunger. Er wird innovativen Formaten gegenüber gestellt. Guten Appetit.

Diese Gastronomie stellt mit ausgefeilten Marketingkonzepten das Essen einem Hunger gegenüber, den es gilt, mit viel Raffinesse mundgerecht zu domestizieren. Ihm neuen Geschmäckern zuzuführen, ja ihn zu verführen. Essen wird zur Safari, zur Pirsch in unwegsamem Gelände, jenseits von Afrika und Peking-Entenhausen.

Lecker hängen die Kolonialwaren von den Bäumen und „Waidmanns Heil!" wird der Bock geschossen, das Gnu, der Elefant oder der Massai.

Die Badischen Geschmacksbildner zeigen uns, wie man den Geist aus einer Dose Blutwurst lockt und wie man Omas Kochbuch 1:1 abkupfert, ohne dass ein Ochsenschwanz dies bemerkt. Es geht ums große Abkochen, grad wie in der Musik, die Melodien der andern in die Pfanne zu hauen und möglichst mehr Sterne vom Himmel zu pflücken als dort aufgehängt wurden, damit wir Fest- und Feierochsen geblendet von all dem Anschein hinter den barocken Tischdekorationen hocken und einen Gruß aus der Küche genießen, den es bei unserer Oma zum Vesper gab. Ohne Gruß.

Zwischen Rhein und Reben, Wohlfahrt und Wohlbehagen, Gastritis und Gastronomie liegt das Genussland Baden. Hier ist das Experimentierfeld, wo aus Kutteln und Gedärmen goldene Sterne gepresst werden, was uns zu der verzückten Äußerung hinreißt: „Da könnt ich mich neilege!"

Das fängt beizeiten an, und so kullern mehr und mehr mopsige Genießerle durch die Laufställe, beißen sich durch, fressen sich nach oben, wo immer dieses Oben liegen mag. Oben ist immer gut. Oben leuchten die Sterne, das singen schon die Kinder beim Laternenumzug ... und unten, da singen wir.

Da braucht uns keiner mit Epikur kommen, wir sind selber Epikur, wer immer das auch war, nur eines ist klar, er hat den Genuss erfunden...oder hat er die Espressomaschine erfunden?

Über Geschmack lässt sich Gottseidank streiten. Schöner Wohnen kennen wir, schöner Essen inzwischen auch. Aber wenn wir schon gut und schön verwechseln, wie verhält es sich dann mit satt und hungrig? „Komm Schatz, mir geh'n schön esse auf's Schloss Eberstein!" Mein Leib- und Leber-Sommelier ruft mich öfters mal an und berichtet, er habe einen schönen Wein im Angebot. Ich antworte: „Na dann lass mal seh'n." Das Auge trinkt mit. Trockene Kehlen kennen wir, trockene Augen sind im Kommen.

Die Teller sind größer geworden und die Portionen kleiner. Die bescheidenen Häufchen sind von feudalem Glanz und kreativer Finesse. Beides sind in Baden wohlbekannte Begriffe, die wir an passender wie unpassender Stelle gerne heranziehen. Das Feudale in uns werden wir nicht los und für die Finesse sind wir einfach zu grob, was durchaus zusammengehen kann, denn es wirkt komisch. Und mit Komik ist vieles besser zu erklären. Außerdem schmeckt Komik besser als Dramatik.

Man sollte die spröde Nordmannsküche nicht in einen Topf werfen mit der mediterran geprägten Badischen Volksküche oder gar der neuen, intergalaktischen Sternenküche. Deutschlands kulinarische Apostel predigen nicht auf den Ostfriesischen Inseln, sondern im Süden der Republik. Und wo vom Ölberg die Heiligsprechung der Schwarzwurst verkündet wird, dort gehen auch die Sterne auf. Basta Pasta! Doch wie's halt so mit der Religion ist, der eine verträgt sie, der andere kann sie nur schwer verdauen.

Es scheint, als werde nun schon seit Jahrzehnten die Badische Küche renoviert. Der Gaumenraum funktionalisiert, unsere Geschmacks-Region neu vermessen. Weite Räume, in denen frischer Wind weht. Das Wirtshaus findet draußen statt. Mobilität heißt auch beim Essen das Zauberwort und damit ist nur ganz am Ende des Lebens „Essen auf Rädern" gemeint. Wir denken vielmehr an das Flanieren durch die Mampf-Meilen mit ihren mobilen Garküchen, vor denen „to go" gegessen, nein geschlemmt wird. In Anlehnung an den Slogan „sex sells", möchte man hier ausrufen: „Food sells." Fremd-Schlemmen in neuen Dimensionen. Food-Trucks aus allen Himmels- und Geschmacksrichtungen rollen in die Region und locken uns Outdoor-Schnabulierer „on the road".

Entweder man hat keine Zeit und muss im Standgas auf dem Weg zur Arbeit essen, bzw. auf dem Weg von der Arbeit nach Hause. Oder aber man hat so viel Zeit zur Verfügung, dass man sie gerne auf der Straße verfrisst.

Schwarzwildbecher

Speis' gehört zu Trank wie Hintern zu Stuhl. Doch Sitzen war gestern, man kann im Stehen wie im Gehen essen und als rastloser Nomade durch die Fußgängerzonen stolpern. Der „Badener to go". Jeder seines Bechers Glück.

Schon seit 1964 gibt es hier in meiner Heimatstadt die „Mobile Bratwurst", und die wird so regelmäßig auf dem Marktplatz serviert wie das Amen in der benachbarten Kirche. Dieser urzeitliche Food-Truck im Campingdesign der 60er-Jahre rollt Samstag und Montag nach Bühl, und würde er unterwegs havarieren, es wär' ein Stich in die Magengrube der Wartenden. Die kleine, mobile Mampf-Station ist für die einen ein kulinarischer Blockbuster und die unverzichtbare Streicheleinheit fürs Gedärm, für die anderen ist es Schweinkram. Bescheiden ist er, ganz ohne Showelemente, wobei die Entertainment-Qualitäten der Brat-Damen in ihren schicken Plastik-Schürzchen nicht zu unterschätzen sind. Hier sehen wir noch das gute alte Wurstwerk, von Meisterhand geführte Messer und den großen Klassiker, die legendäre Bratwurst im Wecken. Das Bratgehäuse schlicht, der Außenbereich im Charme eines DDR-Campingplatzes. Der Senfeimer thront wie Buddha auf dem Tresen und das ist so von gestern, dass es schon wieder „in" ist, also Retro. Und warten wir noch ein paar Jahrzehnte, dann wird vielleicht ein detailgetreues Remake des nostalgischen Wurstcampers neben all diesen faszinierenden Food-Trucks stehen. Hand aufs Herz. So mancher enttäuschte Streetfood-Gänger hat sich nach seiner lukullischen Weltreise durch Atlantikgewürm, Maikäferschaschlik oder Bambusteigtasche doch wieder nach dem guten alten Senf-Quickie am Bratwurst-Truck gesehnt.

Alles hat und braucht seine Zeit. Unsere Vorbadener haben aus den Rippen eines Mammuts einen Braten geschnitten und mit Gewürzen wie Lorbeer, Salbei, Salz und Pfeffer sauer eingelegt. 50.000 Jahre hat es gedauert, um aus ihm einen schmackhaften Badischen Sauerbraten werden zu lassen. Was sollen wir von einer Küche erwarten, die in wenigen Wochen, Tagen, Stunden, neue Gerichte auf die Tische wirft, zu denen wir eigentlich nur noch bemerken können: „Des hätt' noch e bissel gebraucht!"

Kochen nach Büchern

Ich erinnere mich an das Kochbuch meiner Mutter. Ich betone „das Kochbuch", denn meine Mutter hatte nur das eine. Es würde heutzutage nicht den Erfordernissen entsprechen, die man an ein Kochbuch stellt. Es gab keine Fotos und keine Skizzen, auch keine Smileys, Kochmützen oder Sternchen.

„Nowell Küsin"

Auch die Bezeichnung „Kochbuch" war dieser „Rezepte-Sammlung" nicht entsprechend. Es war ein dickes Schreibheft, in dem die Rezepte handschriftlich auf Linienpapier geschrieben waren. Wer sie aufgeschrieben hat, bleibt im Verborgenen. Es war nicht Mutters Schrift, es war auch nicht Omas Sütterlin, Hieroglyphen waren es aber auch nicht.

Zwischen den gehefteten Seiten lagen lose Rezeptzettel. Die Ordnung, die Systematik, was wo zu finden sei, ob Backwerk, Mehlspeise, Fleischzubereitung....nur meine Mutter wusste sich zurecht zu finden in diesem Blätter-Werk. Die meisten Rezepte waren in ihrem Koch-Kopf und so zerfielen von Jahr zu Jahr die braun geränderten Rezeptzettel im Dunkel der Küchentisch-Schublade.

Heute sind Kochbücher Heilige Schriften, liturgische Anweisungen und gestrenge Regelwerke. Wahrlich muss man sich fragen, ob eine Küche ohne Kochbücher überhaupt eine Küche ist.

Kochbücher aus allen Frauen/Herren Ländern, von asiatischen Bambuswälzern über orientalische Schriftrollen voll Köstlichkeiten aus Tausend und einer Nacht, den Rezepten roher Fleischzubereitung der Eskimos bis zu der Zubereitung von Fladen der Nomaden und den Tapas der Papas, alle reihen sie sich auf in unseren Küchen, Band an Band. Kochbücher sind Essenseinladungen in die weite Welt und wir reisen gerne mit der Zunge und erkunden den Geschmack ferner Länder. Wir schnabulieren uns um den Globus und kauen uns von Nord nach Süd und von Ost nach West. Wir riechen uns die Breitengrade entlang und schnuppern zwischen den Polen. Doch wo wir auch mit unseren Augen hinreisen, wir selbst bleiben die, die wir sind. Unsere Herkunft wie unsere Vorlieben lassen sich nur für eine Zeit beiseite stellen, denn das Ur-Knurren aus heiterem Gedärm ist nicht zu überhören. Aus organischen Tiefen verschafft es sich Gehör. Dort unten, wo wir auf heimische Kost justiert sind, wo das Verlangen entsteht, das irgendwann genug hat von den hauchzarten Nudelfäden und es nach Bandnudeln in der Breite von Saunatüchern lechzt, dort unten rumort es. Dann hat unser Magen Heimweh. Es werden die exotischen Lehrbücher zugeschlagen, in denen man unterrichtet wird, wie der Engerling ins Bambusblatt gewickelt wird und bei Mondschein verzehrt. Sodann wird die speckige Schwarte von Oma Gretel aufgeschlagen, in der das Mehl noch schwitzt und man aus heimischen Kastanien Kuchen backt.

Traudl ist der Ansicht, nachdem sie meine sehr speziellen Anmerkungen zum Kochen und Essen gelesen hat, dass ich etwas vorgestrig daherkomme. Man würde den Spott schmecken, den ich zwischen die Zeilen gestreut hätte.

Ich hingegen versuche das Zusammentreffen von Schwein und Schokolade zu vermeiden und bin ja immerhin soweit, dass ich mit dem zeitlichen Ab-

Ohne Worte

stand von 60 Minuten auf das Schnitzel ein Stück Käsekuchen folgen lassen kann. Immerhin. Vielleicht kann ich mein Restleben in kulinarischer Würde und ohne Wurstpatisserie verbringen.

78 globale Kochatlanten wurden Traudl und mir im Laufe von vielen Jahrzehnten zu Geburtstagen und zur Hochzeit von Wohlmeinern aus allen Ecken der Verwandtschaft sowie Freunden geschenkt. Eine dieser Widmungen, die uns ein inzwischen nicht mehr befreundetes Ehepaar bei der Hochzeit ins Kochbuch schrieb, lautet: „Liebe Traudl, lieber Jörg, wir haben die Gerichte aus diesem Kochbuch, das der bekannte Sternekoch Hugo Müller schrieb (Wer ist Hugo Müller?), alle gelesen, gekocht und mit Genuss gegessen. Und wir müssen übereinstimmend sagen: Also schreiben kann der Müller!"
Auf den Siedepunkt hat es meine Cousine mit ihrer Widmung in ein 500-seitiges Kochbuch mit Gerichten aus aller Welt (sowie dem Weltall) zu meinem sechzigsten Geburtstag getrieben. „Lieber Jörg, besser spät als wie nie!"
Nun habe ich am Anfang dieses Kapitels geschrieben, dass bei uns zu Hause Traudl die Kochschürze umgebunden hat. Das ist auch gut so und das bleibt so. Nur war das nicht immer so. Ich habe vor langer Zeit viele Stunden vor dem Herd verbracht und ich darf sagen, wir waren ein starkes Team. Meine Abkehr vom aktiven Kochen ist damit begründet, dass mir die Gerichte, die ich aus Kochbüchern entnommen habe, nie in der fotografisch dargestellten Form, als auch in beschriebener, geschmacklicher Finesse gelungen sind. Inzwischen weiß ich: Ich kann nicht gleichzeitig kochen und lesen. Genauso wenig kann ich essen und lesen. Entweder ziert Tomatensuppe großflächig den noch nicht zu Ende gelesenen Zeitungsartikel oder die Teigwaren hängen mir dekorativ im Ziegenbart. An der Stelle möchte ich anmerken, dass Autofahren und gleichzeitiges Telefonieren unter Strafe steht. Ich habe mir genauso angewöhnt, unter der Dusche nicht zu singen, weil ich entweder vergesse mir die Ohren zu waschen, oder ich singe einen Liedtext zu der Melodie eines anderen Liedes.
Entweder ich lese oder ich koche. Beides gleichzeitig führt weder zu dem einen noch zu dem anderen Erfolg. Einmal eine Textstelle des Kochbuches aus den Augen verloren, braucht es genau die Zeit, diese wieder zu finden, wie die Zwiebeln in der Pfanne brauchen, um schwarz zu werden. Beaufsichtige ich hingegen das Glasieren der Zwiebeln, kann ich mein Augenmerk nicht auf die Rezeptur im Kochbuch richten, was ich aber tun müsste, um das nahtlos folgende Mehlschwitzen vorschriftsmäßig durchzuführen.
Ich weiß wohl um die süffisanten Kommentare so mancher Köchinnen bezüglich der fehlenden Mehrgleisigkeit von Männern. Dem kann ich nur entgegnen, dass es Ausnahmen gibt.

Ich muss gestehen, ich empfinde eine Prise Neid, sehe ich die Sendungen der kochenden Komiker, die mit großer Professionalität kochen und komikern in einem. Doch kann man durch die Mattscheibe hindurch nicht kosten, um festzustellen, wie sehr die Pasta-Sauce durch die Komik Schaden genommen hat. Ach, wäre ich doch auch einer dieser blödelnden Schnauzbärte mit dem Charme eines Dosenöffners, die im Tandem mit linkshändigen TV-Sternchen versuchen, unter Einbeziehung von Industrieabfällen Absicht und Geschmack in eine gewisse Übereinstimmung zu bringen. Diese Dampfgarer der deutschen Unterhaltungsküche sind die Meister der Multifunktionalität. Im Gegensatz zu mir.

Die klassische Besetzung einer 30 minütigen Nudelkomödie ist folgende: A kann nicht kochen und B kann nicht schauspielern. A versucht krampfhaft Salz, Pfeffer und einen dreigliedrigen Deutschen Hauptsatz in Einklang zu bringen und B steht im Weg rum. Wenn dann B etwas macht, dann schneidet er/sie sich in den Finger. „Frau Engelke, jetzt tun sie mir mal bitte des Peterle klein schneide!" – „Ja subber, her mit dem Kerl!"

Eine Kochsendung mit 5 Sternen, 8 Gängen und 3 abgeschnittenen Fingern bringt sagenhafte Einschaltquoten. Stumpfe Messer, spitze Köche, blutende Schauspielerinnen. Ich erblasse vor Neid ob dieser multiplen Fähigkeiten.

Im kulinarisch wilden Süden wurde bereits 1936 das erste Menü auf die Mattscheibe geklatscht. Und was auf den ersten Blick nach Bildstörung ausgesehen hat, war in Wirklichkeit der Dampf der ersten Badischen Kochsendung. Die Sendung hieß damals „Baden kocht". Was in Baden der Renner war, hat im Schwäbischen noch gebraucht. Stuttgart zögerte noch mit der Einführung des Fernsehgerätes. Zu viele Schwaben trauten dieser neuen Technik nicht. Schwäbische Techniker tüfteln zwar schon seit 1928 an einem Gerät, das lebende Bilder hinter Glas ermöglicht, aber das Patentamt verweigerte die Registrierung mit der Begründung, diese elektronischen Aquarien könnten undicht werden.

Traudl hat vorgeschlagen, sie könnte heute gebackenen Schafskäse, Bratkartoffeln und Salat auftischen. Das hatten wir noch nie. Schafe kenne ich von zahlreichen Begegnungen, Schafskäse vom Hörensagen, vom Essen her ist er mir noch nicht begegnet.

Mein rückwärtsgewandtes, dem Gewohnten freundlich gesinnten und allen Neuerungen skeptisch gegenüberstehendes Wesen braucht in solchen Momenten Bedenkzeit, die ich gerne mit einem lang gedehnten „Mmh....?" strecke. Ich habe vorgeschlagen, Fleischküchle statt Schafskäse zu den Bratkartoffeln zu machen und den gebackenen Schafskäse auf nächsten Monat zu verschieben, was mir Zeit geben würde, mich mit Schafskäse anzufreunden, ihn im Kühlregal zu sichten und mich über die verschiedenen Sorten zu informieren. Danach könnten wir durchaus über eine Anschaffung und die Zubereitung ins Gespräch kommen.

Traudl ist mir diesbezüglich weit voraus. Noch weiter voraus, ja fast schon in den kulinarischen Galaxien ferner Welten ist unser Schorschi. Die 98-bändige Kochbibliothek seiner Eltern nimmt er nur mit einem müden Lächeln wahr. „Kannsch vergesse, Babba, du lebsch nicht im Hier und Jetzt!" Er hat ein Smartphone, das ihn in allen Lebenslagen berät, unterweist und ihm die Marschrichtung des Lebens vorgibt. Also all das, was früher Vater und Mutter vorgaben. Zum Beispiel die Einweisung in einfache Essenszubereitung. Zwischen Hackfleisch, Eiern, eingeweichtem Brot und Gewürzen liegt sein Smartphone, auf dem die einzelnen Schritte der nun folgenden Zubereitung von Fleischküchle ablaufen. Die Versuchsanordnung mit Schüssel und Zutaten wurde von ihm genau wie auf dem Display 1:1 aufgebaut. Was auf dem Display zu sehen ist, sieht auch er vor sich. Mehr nicht. Keine Ablenkung durch gut gewürzte Schauspielerinnen oder monströse Schnurrbärte komischer Köche, wie das in Kochsendungen üblich ist. Kein dummes Gequatsche. Ein Konzentrat der wesentlichen Schritte. Eine perfekte, leicht zu handelnde Koch-Show, die in ihrer Einfachheit bestechend ist. Ich denke an asketisch unterkühlte Mönche in der Bergwelt Tibets.

Zuerst sind da nur Hände. Seine beiden Hände und die beiden des virtuellen Koches, die nun von links und rechts in sein Display ragen. „Vier Hände für ein Halleluja" fällt mir hierzu ein.

Diese vier Hände gilt es nun dergestalt zu synchronisieren, dass Schorschis Hände den Videohänden hinterher... händeln.... kochen...wie auch immer. Schorschi folgt ihnen bedingungslos. Synchron folgt er den Videohänden und selbst das gezeigte Ei aufschlagen doppelt er geschickt. Und doch zeigt sich bei dieser neuen Form der Essenszubereitung, dass der Fehler im Detail steckt und Schorschi nun rückwirkend nicht weiß, warum der „verreckte Fleischküchlesteig" so flüssig geworden ist. Doch Hilfe naht in Form des Videobeweises, den wir bereits von der Fußballbundesliga kennen. Schorschi hat sein Kochhandy so aufgestellt, dass er den Blick auf das Display hat, als auch die Kamera den Blick auf ihn, auf seine zwei realen Hände und die Schüssel mit den Zutaten. Er könnte nun entweder seine eigenen Kochschritte in Zeitlupe ablaufen lassen, um den Fehler zu suchen (was ihm aber nicht viel nützen würde, weil er nicht wüsste, wie dieser zu korrigieren sei). Er könnte aber andererseits die Funktion „Videoschiedsrichter" drücken und umgehend von diesem mitgeteilt bekommen, dass er die eingeweichten Brötchen hätte kräftig ausdrücken müssen, und nicht samt Einweich-Wasser in die Rühr-Schüs-

Schwarzwälder Riesenregenwurm

sel schütten. Schorschis Fleischküchle haben quasi 0:1 verloren. Es hätte auch die Möglichkeit gegeben, dass er seine Mutter um Rat fragt. Aber was ist schon eine Mutter im Vergleich zu einem Videobeweis.

Da ist der Wurm drin!

Auf den blanken Grinden des Südschwarzwaldes liegen in Senken und Schrunden die letzten Schneeflecken, zögernd und zaudernd schiebt sich der Frühling in die Höhenlagen von Feldberg und Belchen, während bei der Martinskapelle die ersten Schneeglöckchen blühen. Die Zeit der Zurückgezogenheit ins wohlige Warm der Wohnstuben neigt sich dem Ende entgegen, der Ruf neugieriger Meisen lockt uns ins Freie. Wir ziehen die warmen Winde durch die krustigen Nasengänge und mit dem ersten Schlagen unserer Lungenflügel scheint der Frühling Einzug zu halten. Es ist die Zeit des Aufbruchs, des Neubeginns, des Erwachens.

In den geduckten Wäldern des Feldberggebietes sind die frühen Wurmjäger unterwegs, um in den sauren Böden, die sich wie ein satter Sauerteig über das Urgesteins des Felberger Stockes legen, das begehrte Gewürm zu jagen, welches sie in den am Rocksaum baumelnden Blechtrommeln nach Hause tragen.

Es sind die mit hochsensiblen und effizienten Spürnasen gesegneten Schwarzwälder Wurmjäger, die an diesen Tagen auf der Pirsch sind, um den von Feinschmeckern begehrten Schwarzwälder Riesen-Regenwurm (lumbricus badensis) zu jagen.

Im Jahre 1906 wurde er zum ersten Male gesichtet und es dauerte nicht lange, da hatten ihn die spitzen Köche der Region für ihre Gäste entdeckt. Rosig im Fleisch und zart im Biss, reich an Mineralstoffen und mit dem erdigem Geschmack einer gerösteten Topinambur-Knolle, ringelt er sich über unseren Gaumen und wir finden kaum Vergleichbares an geschmacklicher Finesse. Möge der Asiate seinen Hund braten, wir genießen unseren Regenwurm.
Mit einer Länge von bis zu 34 cm und einem Gewicht von 40 Gramm, kommt eine vierköpfige Familie mit 15 bis 20 Riesen-Regenwürmern zu einem schmackhaften Sonntagsbraten, sofern ihnen Artemis, die Griechische Göttin der Jagd, wohl gesonnen ist. Ihn aufzuspüren ist nicht einfach, ihn mit schnellen und geschickten Fingern aus seiner Wohnhöhle zu ziehen, eine Kunst.

Der geübte Waidmann weiß jedoch die kleinen, unscheinbaren Aufschüttungen zu deuten, weiß um den frühen Mond, bei dem die wurmige Beute aktiv ist. Mit kleinen Holzspateln graben die Jäger diese Aufschüttungen an, bis das Wurmende sichtbar wird. Und bevor sich der wilde Wurm zurückziehen kann, hat ihn der erfahrene Jäger am Schwanz gepackt und ihn sorgsam aus der Erde gezogen.

Der erfahrene Waidmann bringt es in guten Mondnächten auf bis zu 30 Exemplare von „lumbricus badensis", die er den Gastronomen der Region zu guten Preisen feilbietet. Inzwischen konnte ich in Erfahrung bringen, dass der Schwarzwälder Wurm in der Spitzengastronomie der Metropolen Paris, Wien und Berlin seinen festen Platz auf den oberen Rängen der Speisekarten hat. Doch zurück in die heimische Region, wo zu besonderen Tagen ein traditioneller Wurmsalat auf den Tisch kommt.

Rezept des Todtnauer Wurmsalates

„Wenn Essen immer wichtiger wird und Glauben immer weniger wichtig, liegt das wohl an den jeweiligen Rezepten."   Aus meinem Spruchbeutel

Für eine vierköpfige Familie benötigen wir ca. 20 frisch gejagte Schwarzwälder Riesen-Regenwürmer. Die lebenden Exemplare in kaltem Wasser waschen und anschließend in Schwarzwälder Kirschwasser einlegen. Dort über Nacht ruhen lassen, um der Exkrementierung Zeit zu geben. Am nächsten Morgen ist der Wurm sanft entschlafen und die nicht enden wollenden Anfeindungen der Tierschützer verstummt.

Anschließend das Gewürm abtropfen lassen und mit Zwiebeln und Knoblauch in Butterfett 12 Minuten bei mittlerer Hitze anbraten. Die Pfanne darf nicht zu heiß sein, da sonst das zarte Fleisch den erdigen Geschmack nicht entfalten kann.

Während des Bratens bereiten wir eine Marinade zu. Essig, Öl, Gemüsebrühe, Salz und Pfeffer.

Die erkalteten Wurmteile hinzugeben und anschließend 30 Minuten ziehen lassen. Serviert wird der Todtnauer Wurmsalat gerne mit Bratkartoffeln, die man mit gerösteten Tannennadeln bestreut. Gewöhnlich reicht man einen Krug Schwarzwälder Bier dazu, was diesem schmackhaften Gericht unserer Heimat die Schaumkrone aufsetzt. Guten Appetit.

Ich sitze nun seit Stunden über der Tastatur und fühle mich leer, als seien die Worte, die meine Blätter füllen sollen, aus mir heraus gepurzelt. Zudem habe ich kalte Füße. Meine Füße haben beim Schreiben rein gar nichts zu tun.

Ich vermute, denen ist aus Langeweile kalt. Vielleicht sind sie auch schlecht gelaunt, weil nichts läuft. Hinzu kommt, dass mein türkischer Nachbar unter mir wieder auf Sparflamme heizt. Jetzt, wo seine Tochter, die „Sell", wieder mit den Kindern in der Türkei ist, muss die Wohnung nicht warm sein. Er sitzt eh' den halben Tag im Cafe und seine Traudl ist tagsüber im Arbeiten. Kürzlich hat er sich bei mir beklagt, weil bei ihm so kalt sei. Der Italiener unter ihm würde anscheinend überhaupt nicht heizen. Na ja, sage ich. Sizilianer. Weißt ja, die haben Lava im Blut, die Südländer. Nun kommt aber seine Frau aus dem Norden Italiens, aus der Gegend von Mailand. Und die „sell Italienerin" hat sich jetzt bei meiner Traudl beklagt, dass es in ihrer Wohnung so fußkalt sei, weil der Apotheker im Erdgeschoß nicht richtig heizt. Zudem steht ständig die Ladentür offen, weil die Kundschaft kommt und geht. Jetzt fehlt eigentlich nur noch der Apotheker, der sich beschwert, dass es in der Apotheke fußkalt sei und dass die Mäuse im Keller nicht richtig heizen.

Dieses Kapitel noch, dann ist Schluss für heute. Traudl kommt mit dem Einkaufskorb aus der Küche, stellt sich hinter mich, was mir sehr willkommen ist, denn die Fußkälte zieht sich inzwischen bis zu den Schulterblättern hinauf. Herrlich, diese Warmfront! Mein Klagen über die kalten Füße verstummt, als sie mich zärtlich am linken Ohr zieht und tatsächlich spüre ich eine leichte Erwärmung im Fußbereich. Es hängt eben doch alles zusammen. Den Einkaufskorb hat sie neben die Tastatur gestellt.

„Jetzt gehsch mir g'schwind Einkaufe, dann bisch an der Luft und unter Leut'. Na kannsch wieder klare Gedanke fasse und deine Füß' werde warm!" Das kommt mir gelegen und meinen Eisfüßen auch. Jacke, Schuhe, Einkaufskorb, Schlüssel. Während ich durchs Treppenhaus hinuntersteige, frage ich mich, ob Einkaufszettel eine Literaturgattung sind. Erst im Lebensmittelgeschäft nehme ich den Zettel heraus und lese die Auflistung. Milch, Bananen, Pfeffer…„Erdperlen". Also doch Literatur. „Erdperlen!" Für wortverliebte Menschen wie mich sind Worte wie „Erdperlen" auf Anhieb ein Augenschmaus, eine Wohltat für die Gehörgänge und eine Erheiterung meines Gemütes. Herrlich, „Erdperlen." So ein schönes Wort will man gar nicht sprechen, man möchte es singen. Da stehe ich nun, voll der Freude über diese Begegnung mit einem fremden Wort, dieser Bereicherung meiner Wortesammlung. Es gibt doch noch Überraschungen im Leben, und wenn sie auch so unbedeutend sind wie „Erdperlen." Nur, was sind „Erdperlen?" Ich wende mich an eine Verkäuferin und frage nach jenen „Erdperlen." Nein, diesen Namen habe sie noch nie gehört und ich möge doch beim Juwelier nachfragen. Kann sich Traudl verschrieben haben? So komme ich ohne „Erdperlen" zurück und Traudl rollt die Augen und zieht mich am rechten Ohr.

Traubenglück

„Dich kamer schicke! Weisch du denn nicht, dass ‚Erdperlen' rote Zwiebeln sind." Ich will es nicht glauben und marschierte zurück ins Geschäft. Und tatsächlich liegen beim Gemüse jene „Erdperlen". Diese lege ich zu Hause auf die Anrichte und daneben stellte ich eine Flasche Riesling, die ich auch noch gekauft habe. „Ja und was isch des jetzt. Mitte in de Woch' en Riesling?" - „Nein Schatz, Traubenglück!"

Wieder sitze ich vorm Bildschirm und meine Gedanken kreisen um all das, was ich heute geschrieben habe. Oft sind es die Namen der Früchte, der Gemüse, der Gewürze, der Tiere, die unseren Appetit anregen, die uns neugierig machen und manchmal sogar verzaubern. Und es ist gerade ein paar Wochen her, als ich mit Traudl durch den Kappler Wald ging, um an unseren geheimen, ja heiligen Plätzen, Pilze zu suchen.
Immer mehr Menschen neigen zu extremen Freizeitvergnügungen. Springen die einen waghalsig mit kleinen Fallschirmchen von Bergen, streifen andere mit Korb und Messer durch unsere heimischen Wälder und suchen Pilze.

Lerchenschneckling, Pfeffermilchling, Saftling, Streifling, Stinkmorchel, Waldschneckling, Ziegenfußporling, wolliger Wulstling, Schleimrübling, blasiger Becherling und kahler Krempling. Namen, die kulinarische Genüsse versprechen und die dem fleißigen Sammler den Lorbeerkranz aufsetzen.
Spitzschuppig, schiefknollig, scharlachrot, graugrün, gemein, grubig, bleiweiß, fransig ...Sie zu unterscheiden ist eine Wissenschaft. Nase und Auge sind gefordert und nur der erfahrene Waldgänger weiß die feinen Unterschiede der Sporlinge zu erkennen, die sich unter mürbem Blattwerk, in der Humuskruste oder dem saftigen Moos verstecken. Doch im Nachhall eines launig ausgerufenen „Hallali!" folgt nicht in wenigen Fällen der Tod.
Denn was ein rechter Pilzjäger ist, der schenkt der Biotonne nichts. Jeder Fund wird der Küche zugeführt. Ob gaumenfern, wenig magenschonend, wenn nicht gar Leben verzehrend. Selbst die Kundigsten der Kundigen, die jahrelang Geübten, die mit gestrengen Blicken und hundeähnlichen Nasenapparaturen das Objekt aus hunderten Metern Entfernung wittern, laufen Gefahr, sich ins Jenseits hinüber zu kochen, denn die meisten Pilzvergiftungen entstehen beim falschen Zubereiten der an sich essbaren Sporlinge.
Wie der Herbstwind die Blätter verweht, so vertreibt auch das allzu Menschliche die mahnenden Worte des mykologisch Sachkundigen.
Der Kitzel ist des Menschen Heiligstes und so wird gekitzelt, bis der gemeine Waldschneckling in den endlosen Fluren unserer Gedärme schlussendlich verendet.

Pilzglück

Es ist Abend geworden. Mein Kapitel neigt sich dem Ende zu. Ich werde noch einige Zeilen schreiben und dann zur Abendrunde aufbrechen. Von der Diele unserer Wohnung ist heftiges Schnaufen zu hören. Ich suche in meiner Erinnerung Vergleichbares und finde die schwer schnaufenden Dampflokomotiven, die nicht weit von meinem Elternhaus in Gernsbach Richtung Forbach fuhren. Und dann sehe ich es wieder vor mir, dieses urtümliche Gefährt mit seinen großen Antriebsrädern, dem dicken Kessel, dem Kohlentender, den vielen mechanischen Teilen, den Steuer-, Treib- und Kuppelstangen, die den Dampfdruck in den Zylindern an die Antriebsräder weitergeben. Und ich erinnere mich, dass wir als Kinder mit angewinkelten Armen genau diese Bewegung der Treib- und Kuppelstangen nachahmten und mit spitzem Mund das „Schschsch" des Dampfes.

Das Dampfross mühte sich und das anfängliche Largo des Wasserdampfes, der weiß- bis grauwolkig aus dem Dampfrohr gespuckt wurde, ging mit zunehmender Fahrt in das heftige Stringendo eines verzweifelten Zischens über, bis diese hektische Maschinerie ein einziges Prestissimo war. Sodann legte sich die große Wolke gemächlich nach hinten, über den Zug hinweg und gebar kleine Wölkchen, die wie ein Herde fliegender Schafe dem Zug hinterher rannten.

Wenn wir Glück hatten, dann erkannten wir vor unserem Elternhaus stehend den Lokomotivführer in seinem Führerstand, mit Halstuch und rußgeschwärztem Gesicht. Dies sahen wir natürlich nicht wirklich, aber anders konnte es nicht gewesen sein. Und mit noch mehr Glück hörten wir die Dampfpfeife mit ihrem schrillen Pfiff, mit dem sich das Dampfross im Nebel oder in der Not bemerkbar machte. Zurück blieb das Rallentando des Fauchens und ein paar Nachzügler der Schafherde.

Aus der Diele faucht und schnauft es. Schweres rhythmisches Atmen. Stoßweise, von gelegentlichem Ächzen und Seufzen begleitet. Schorschi pumpt. Stemmt die Hanteln. Muskelaufbau. Er arbeitet am fünften Viertel seines Körpers.

„Das gesunde Plus Eiweiß 90 Vanille ist ein Proteinkonzentrat. Das Pulver enthält 86 % hochwertiges Eiweiß und ist zusätzlich angereichert mit 9 wichtigen Vitaminen und Magnesium. Protein trägt zum Wachstum und Erhalt von Muskelmasse sowie zum Erhalt normaler Knochen bei. Daher eignet sich das Proteinkonzentrat Eiweiß 90 Vanille ideal zur Deckung eines zusätzlichen Eiweißbedarfs bei sportlichem Training sowie als Mahlzeit oder Zwischenmahlzeit für eine kohlenhydratreduzierte eiweißreiche Ernährung."

Es scheint nun doch eine Herausforderung für Traudl zu werden, die klassische Badische Küche und die Proteinküche von Schorschi in Einklang zu bringen. Geflügel ist eine gelegentlich wohlschmeckende Bereicherung des Speiseplanes. Ein „Coq au vin" zum Beispiel oder ein Seebacher Krustenguller versetzen unsere Gaumenknospen in freudige Erregung.

Diese Gerichte werden in zeitraubenden und sehr aufwendigen Kochritualen an besonderen Tagen bei uns auf den Tisch gebracht und mit heimischen Kartoffeln und Gemüse serviert. Dazu einen freilaufenden Grauburgunder oder einen handgerupften Riesling. Da brauchen wir keinen Epikur, um den Genuss zu verstehen.

Schorschis Genuss basiert derzeit auf handgestemmten Proteinen. Das fünfte Viertel seiner oberen Körperhälfte ist bereits im Ansatz sichtbar und der Ansatz einer Rückenflosse ebenso. Die habe ich ihm hingeschwätzt, da er übermäßig Fischeiweiß zu sich nimmt. Auch die zunehmende Flaumbildung im Kinnbereich ist auf die eiweißreiche Ernährung zurückzuführen. Noch hat sich der Flaum nicht zu kleinen Federn ausgebildet. Ich hoffe, das bleibt meinem Sohn erspart. Sollte er innerhalb der nächsten Monate dieses hühnerhafte Gurren hören lassen, werde ich ein ernsthaftes Gespräch mit ihm führen müssen.

Es ist Eltern ohne Frage eine große Freude, wenn die Kinder eigene Wege gehen, wenn sie das Leben stemmen (und nicht nur Hanteln). Auch ist es eine Freude, wenn die Kinder begeistert sich einer Freizeitbeschäftigung hingeben und sich im Schweiße ihres jugendlichen Angesichtes sportlich betätigen. Doch glaube ich ebenso, dass es des elterlichen Einspruches bedarf, wenn die Küken Gefahr laufen, sich zu Masthähnen zu entwickeln.

Das war nun zum Tagesende noch einmal harte Kost und so fahre ich meinen PC herunter, schalte den Bildschirm aus, steige über Schorschis heftig schnaufenden Körper und sein ausgebreitetes Sortiment von Hanteln und Stemm-Utensilien.

Dann ziehe ich mir die Jacke über, steige in die Schuhe, gehe zurück in die Küche, um mich mit einem ganz und gar proteinarmen Kuss von Traudl zu verabschieden.

Ganz am Ende meiner Abendrunde stehe ich für eine Weile beim Grab vom Bernhard. Wir haben zu Lebzeiten viel miteinander gelacht, über all das, was zwischen das erste und das letzte Gläschen Zwetschgenwasser passt.

Drei Viertel seines Lebens hat er als Schiffskoch die Weltmeere befahren und die Matrosen bekocht. Zum vierten Viertel hat er sich in Kappelwindeck zur Ruhe gesetzt und zu Beginn des fünften Lebensviertels ist er im Zwetschgenwasser ertrunken.

„Ahoi Bernhard!"

Die letzten Meter hinunter zur Kernstadt ist mir die Zwetschge im Kopf und mir fällt auf, dass diese in der ernsthaften Musikliteratur bisher nicht berücksichtigt wurde. Zitronen schon. Melonen auch. Ananas werden zum Beispiel gerne besungen oder Kokosnüsse. Die italienische Spätromantik hätte es ohne Oliven gar nicht gegeben und in der Operette finden wir bei Offenbach den scharfen Rettich. Richard Wagners Walküren wären ohne den Chor aus 180 schwergewichtigen Kürbissen erst gar nicht auf die Grüne Wiese von Bayreuth gerollt. All diese Früchte waren es wert, die Musikliteratur zu bereichern, nur an die Zwetschge hat sich bisher keiner gewagt. Ich fülle diese Lücke.

Das Lied von der Zwetschge

Heut' läuten die Glocken, nun ist es soweit
das erste Blau der Zwetschgenzeit
ein hektisches Scharren, dann zieht man ins Feld
wo man jenes Blau in den Händen hält
der Pfarrer voraus mit gold'ner Monstranz
die Schulkinder zeigen den Zwetschgentanz
dann werden die Körbe, die Karren gesegnet
und Flinten, mit denen man Dieben begegnet

Und sie steigen auf Leitern, und dann wird gezupft
unter Einsatz des Lebens, hoch oben gerupft
in Schalen, in Kisten, Containerzügen
heute nach Rom und morgen nach Rügen
ein Zeppelin mit Zwetschgen an Bord
fliegt weit hinauf zum Norwegerfjord
die NASA bestellt für die nächste Mission
frische Zwetschgen aus der Region

Refrain: Jetzt tragen sie wieder die blauen Röcke
die Schüler, die Schaffner, die Ziegenböcke
Polizei ist blau und die Einkaufstüte
Liebestöter und Hochzeits-Hüte
alles ist blau, selbst die Ampelanlagen
leuchten blau und nicht grün an den Erntetagen

Die neuste Sorte im Euro-Design
aerodynamisch und ganz ohne Stein
ausgestattet mit Wachstums-Genen
die sich bei Sonne von selbst ausdehnen
was im Labor auf Anhieb gelang
ist maßlose Größe im Überschwang
viel Geld wird in Forschung, Entwicklung gesteckt
so lang bis die Frucht nach Zwetschge schmeckt

Triefend und tropfend die Superlative
die späte Zwetschge mit Aroma-Tiefe
eine heilende Frucht, die man verschreibt
weil sie trübe Gedanken und Missmut vertreibt
weil sie zudem mit ihrem magischen Saft
gerade bei Männern Unglaubliches schafft
und so werden die Früchte zu Salben gestampft
was auf schonende Weise den Beischlaf entkrampft

Refrain: Jetzt tragen sie wieder die blauen Röcke
die Schüler, die Schaffner, die Ziegenböcke
Polizei ist blau und die Einkaufstüte
Liebestöter und Hochzeits-Hüte
alles ist blau, selbst die Ampelanlagen
leuchten blau und nicht grün an den Erntetagen

Das ganze Land ist wie von Sinnen
keiner kann dem saftigen Treiben entrinnen
Betriebe schließen, die Bahn macht bankrott
die Börse notiert Zwetschgenkompott
Cafes überfüllt, man quetscht durchs Gedränge
jeder liebt jeden, in feucht schwüler Enge
das Blaue Wunder hat die Menschen vereint
worauf im nächsten Mai der Stammhalter greint

Doch dann geht's zur Neige, es ist nun August
all das Blaue verblasst, und am Ende bleibt Frust
die Menschen sind blutleer, geh'n lethargisch einher
selbst Weihnachten fällt dem Badener schwer
erst wenn dann im Frühling die Knospe aufbricht

hat das Warten ein Ende und es wird wieder Licht
dann zieh'n sie hinaus und steh'n bei den Bäumen
mit geschlossenen Augen sieht man sie träumen

Refrain: Jetzt tragen sie wieder die blauen Röcke
die Schüler, die Schaffner, die Ziegenböcke
Polizei ist blau und die Einkaufstüte
Liebestöter und Hochzeits-Hüte
alles ist blau, selbst die Ampelanlagen
leuchten blau und nicht grün an den Erntetagen

Windmaschine

Bewegende Momente
oder:
Meistens kommt der Wind
aus der falschen Richtung

4
Donnerstag

Straßburg

Ich möchte mich nicht als bewegungsarmen Menschen bezeichnen. Vielmehr ist viel Bewegung in meinem Leben. Es sind nicht die großen Schwünge, eher die überschaubaren, kleinen Kreise, die ich ziehe. Der schnelle Ruck, der weite Bogen, er liegt mir nicht. Ich bin schon eher ein Käfer. Ich gehe nicht weit, jedoch mit festem Schritt.

„Wie wär's mal mit de Schwäbische Alb?" sage ich zu meiner Traudl. Dies ist so ein Satz, den ich bezüglich meiner bescheidenen Bewegungsabenteuer äußere. Das liegt noch in meinem erträglichen Bewegungsradius.

Dort könnten wir die Urzeitfunde bewundern, die in den Karsthöhlen entdeckt wurden. Beispielsweise die „Venus vom Hohle Fels", die von der Unesco zum Weltkulturerbe erklärt wurde, eine der ältesten Menschengestalten, 40.000 Jahre alt und aus Elfenbein geschnitzt. Jene Ur-Traudl, die füllig wie detailgetreu kaum zu unterscheiden ist von heutigen Modellen, wie man sie in Stuttgart auf der Königstraße oder auch bei uns in den Fußgängerzonen sehen kann.

Meine Jetztzeit-Traudl hat sich meinen Vorschlag durch den Kopf gehen lassen und antwortet: „Im Prinzip ja, aber warte mir noch einige Jahre ab, wer weiß, was die demnächst dort alles noch ausgrabe. Vielleicht 's erste Bügeleise oder den Ur-Jörgl aus Elfenbein, dein Urahn? Womöglich würde mir was verpasse, wenn mir jetzt schon dort hin fahre. Mir warte zu und fahre solang nach Straßburg!" Nun gut, dieser Logik ist schwer zu widersprechen.

So sind wir nun nach Straßburg gefahren, zu unseren französischen Nachbarn. Mit der Elsässischen Metropole verhält es sich so ähnlich wie mit den Schwäbischen Eiszeithöhlen. Man vermutet dort den Elsässer, findet aber den Afrikaner. In der Schwäbischen Karsthöhle vermutet man den Mammut, findet aber den Touristen.

Wir parken hinterm Kehler Hauptbahnhof. Kehl ist Straßburgs kleine Schwester am Ostufer des Rheins. Und beide Orte, Kehl und Straßburg, sind (wie es halt unter Schwestern gelegentlich zugeht) durch Zänkereien, aber auch ernste Streitereien durch die Jahrhunderte gegangen. Heute sind sie von europäischer Reife, wie ein gut und lange gelagerter Münsterkäse. Sie können sich riechen, manchmal stinkt es dem einen und dann finden sie wieder das Verbindende, bis hin zur gemächlich dahinzuckelnden Tram. Ich erinnere mich, dass schon einmal eine Straßenbahn über den Rhein ratterte, zu einer Zeit, da war das Europäische noch in weiter Ferne. Damals war Frankreich mehr Ausland als heute.

So ein Ausland gibt es heut nicht mehr. Heute ist sozusagen aus mit Ausland. Das Wort Ausland hatte in meiner Kindheit noch Respekt eingeflößt. Ich erinnere mich an einige Familienausflüge nach Straßburg. Da hat unser Vater schon beim Kehler Ortsschild völlig entnervt die Mutter angewiesen: „Ausweise richte!" Auf der Europabrücke beim Zoll musste man anhalten und seinen Ausweis vorzeigen. Wir hatten zwar nichts zu verzollen, aber trotzdem fühlten wir uns wie Schmuggler. Ich zumindest. Und auf der Rückfahrt dann das gleiche Spiel, nur mit dem Unterschied, dass die Mutter die Ausweise nicht aus dem Handschuhfach nehmen musste, sondern noch von der Hinfahrt in der Hand hielt. Egal was wir im Kofferraum hatten, es war immer das Gefühl, 35 Stangen unverzollte Stangen Gauloises unterm Reserverad zu haben.

Zu der Zeit war das Fremde noch fremd. Damals hat die fremde Währung schon ein ängstliches Gefühl vermittelt, weil wir uns den Wert nicht vorstellen konnten. Dabei war es mit dem französischen Franc noch harmlos im Gegensatz zur Italienischen Lira.

Heute heißt der Franc Euro. Die Lira auch. Was ich jedoch vermisse, sind die Umrechnungsorgien mit den unzähligen Nullen, die wir bei den Campingurlauben am Comer See veranstalteten. Und ich vermisse das Geldwechseln auf der Bank vor einer Urlaubsreise. Da hat der Urlaub schon in der Schalterhalle begonnen. Die Urlaubswährung bekam man in Briefumschlägen. Und mit genau diesem Umschlag ging man nach der Rückkehr aus dem Urlaub wieder zur Bank, um das Restgeld in DM zurück zu wechseln. Zu der Zeit konnte man noch sagen. „Der Urlaub hat sich rentiert!"

Geändert hat sich auch der Komfort der Straßenbahnen. Man sitzt bequem und wir fahren mit der Tram vom Hauptbahnhof in Kehl über den Rhein und dann Richtung Altstadt. Wer als Tourist kommt, will in die Altstadt. Es ist wie beim Käsekuchen. Den Rand will keiner. Nun fahren wir also ein in die kleine Metropole mit ihrem globalen Flair, seinem nachwirkenden Kolonialismus, dem Aufeinandertreffen von Regionalem und Internationalem, umwölkt vom Odeur brennender Autoreifen und den duftschwangeren Schlieren, die sich aus den Konsumtempeln der Straßburger Nobelkaufhäuser über die Plätze der Altstadt legen.

Wir steigen nach 20 Minuten unterm verglasten Vordach der Haltestelle im Zentrum der Altstadt aus. Traudl steuert, magisch angezogen, die Galeries Lafayettes an. Ich muss mir ein wenig Schub geben, Traudl zu folgen. Zum einen, weil ich meiner konsumfernen Gesinnung Achtung schulde, Menschentrubel mir nicht gut tut, andererseits ich aber in einer gewollten, ehelichen Verpflichtung stehe. Zwar nicht bedingungslos, doch dergestalt, dass ich folge. Nachdem sich Traudl im Erdgeschoß durch die Weite der Duftabteilung hindurch geschnüffelt hat, steigen wir hinauf zum Unterhosen-Paradies, weil, und dies scheint mir nun doch von ihr etwas an den Haaren herbeigezogen, ich angeblich schon seit unserem Kennenlernen eine Art von Unterwäsche trage, die weder meiner Physiognomie noch irgend einem modischen Trend entspräche und aufgrund ihrer Materialbeschaffenheit von keiner prüftechnischen Einrichtung eine Betriebserlaubnis erhalten würde. Und überhaupt, so meine liebe Traudl, habe jedes Ding seine Zeit, und Unterhosen werden nicht für die Ewigkeit gemacht. Ich schweige dieser Behauptung entgegen und wir schreiten, anders kann ich es nicht formulieren, durch das Reich der Herrenunterbekleidung.

Die Entscheidungsfindung innerhalb eines Angebotes wird umso schwerer, je größer das Angebot ist. Es müssen tausende, gefühlt Millionen verschiedener Modelle sein, die sich vor dem Kundenauge prostituieren. Beim besten Willen und wahrlich ernsthaften Absichten finde ich keinen Zugang in diese Unterhosenwelt, denn Zuschnitte, Stoffe, Farben und Aufdrucke scheinen mir für mich weder lendenkompatibel noch finanzierbar. Bei keinem Modell finde ich diesen sanft anschmiegenden Burladinger Hüftkranz, wie ich ihn seit Jahrzehnten gewohnt bin.

Ich möchte dies nicht weiter ausführen, es führt zu nichts. In Gedanken bin ich bei meinen gut eingetragenen und bequemen Baumwollunterhosen mit Eingriff der Baureihe 1987/88, die ich von Onkel Heiner, dem Mann meiner Großtante, im Jahre 1987 bekommen habe. Onkel Heiner war leitender Angestellter der Burladinger Strickwarenanstalt. Ich vermute, dass er die gesamten Webfehler nach Gernsbach schickte. Aber was stören Webfehler meinen Schritt. Bis heute versehen von den einst 30 Import-Exemplaren noch 4 treu und zuverlässig ihren Dienst.

Nachdem wir zweimal durch diesen Unterhosenhimmel geschritten sind, steigen wir unverrichteter Dinge hinunter zum ganz und gar irdischen Place

Der Schatten des Monsenieur Ungerer

Kléber, steigen in die Tram, um nach kurzer Fahrt die Villa Greiner zu erreichen. Dort steigen wir aus und stehen vor dem Museum für den großen Elsässer Zeichner Tomi Ungerer.

Wir lösen im einstigen Gartenhäuschen zwei Billetts, gehen über einen Steg durch den Garten und treten durch die gut bewachte Eingangstür in den satirischen Tempel. Das Aufsichtspersonal ist üppig, nicht an Körperfülle, eher an der Zahl. Drehkreuze, Kameras und ernste Mienen der Kunstwächter lassen bei uns die erhoffte und gelöste Heiterkeit erst einmal nicht aufkommen. Es scheint von Vorteil, all den Anweisungen, Hinweisen und Aufforderungen Folge zu leisten. Also folgen wir. Satire verlangt eben nach einer etwas strengeren Reglementierung.

Im Erdgeschoß folgen wir dem Zeichner durch seine kriegerische Jugend, die er zeichnerisch festgehalten hat mit all seinen Mickymäusen, Gauleitern und Panzerfäusten. Je weiter dieser zweite, große Krieg seinem Ende entgegendonnert, umso schwungvoller werden Ungerers Striche. Der kleine Tomi wir größer, die Themen gewagter und die Bedeutungen tiefer. Das Rotzfreche ist geblieben, das Erotische erblüht und wird deswegen in den Keller des Museums verbannt. Hier unten sind ebenfalls die Toiletten untergebracht und der süßliche Duft der Urinsteine mischt sich mit der schwülen Erotik der Kellerräume. Im Untergeschoss wird die Gürtellinie etwas verschoben, hier zieht sich der kühne Strich des Satirikers durch die urologischen Landschaften, schwungvoll und ungehemmt. Das Ganze vollendet durch den mürrischen Blick eines bartstoppeligen Museumswächters, der gerade eben aus einem der Bilder gestiegen sein könnte.

Traudl verweilt über Gebühr dort unten. Ich friere. Sie scheint Dinge zu sehen, die sie magisch anziehen wie auch gleichzeitig abstoßen. Zwischen diesen beiden Polen verharrt sie. Ich friere. In Untergeschossen ist das nicht ungewöhnlich, obwohl die Thematik keinesfalls unterkühlt ist. Auch gehöre ich nicht zu den erotikfernen Menschen, die bei solchen Bildern frösteln. Und doch friere ich.

Also steigen wir hinauf, über den Steg zurück ins Gartenhaus. Dort erwerbe ich ein Buch mit erotischen Zeichnungen, die ich bei Tageslicht und lauen Temperaturen studieren möchte.

Straßburgs Altstadt ist, wie es der Name schon erahnen lässt, alt. Sehr alt. Ich denke unweigerlich an eine Filmkulisse. Disneyland vielleicht. Es würde mich nicht wundern, wäre hier ein Quasimodo zu sehen, dort eine Mickey Maus, hier ein Schneewittchen.

„Stroßburi"

Man kann sich hier vornehmen was man will, man wird magisch angezogen vom Münster. Magnetisch angezogen wäre der bessere Ausdruck, denn wie bei den Gesetzen der Physik, bewegen sich alle Teile in die eine Richtung. Und wer sich nicht bewegt, der wird bewegt. Das Münster ist das touristische Muss, das „Must see", der Sandstein-Knaller, eines der Wunder, bei dem einen nichts mehr wundert, weil man aus dem Staunen nicht mehr heraus kommt.

Ich habe es vor vielen Jahren nur einmal geschafft, ins Innere des Heiligen Sandsteines zu gelangen. Schon damals Stop and Go im Mittelschiff, weil 20 Chinesen im Weg lagen, die über die abgestellten Schuhe einer Arabischen Reisegruppe gestolpert sind. Zähflüssiger Verkehr, bis man endlich bei der Hochzeit von Kanaa angelangt war. Ein italienischer Tourist fiel vor Verzückung in Ohnmacht und die Kirchensanitäter mussten Gaffer aus ganz Europa verscheuchen. Schon damals hatte ich gedacht, hier fehlen Ministranten mit Stauberaterausbildung, die Getränke verteilen, Wolldecken und Jesusbildchen. Vielleicht wäre es ja praktikabler, und dieser Gedanke scheint ein Nachklang unseres Museumsbesuches zu sein, die Straßburger Tram gemächlich durch das Mittelschiff des Münsters fahren zu lassen. Mit einer Bedarfshaltestelle: „Am Ölberg."

Bei all den folgenden Besuchen in Straßburg stand ich vor dem großen Portal, Stunde um Stunde die Füße ins rustikale Pflaster gedrückt, beeindruckt vom Anblick dieser mächtigen Front mit seinem figurativen Reichtum und seiner monströsen Architektur. Dies zu fassen, sich das Werden des Münsters nur ansatzweise vorzustellen, wird mich vermutlich die nächsten 20 Jahre kosten, bis ich mich dann schlussendlich doch noch einmal ins Innere vorwage. Ob ich das noch erlebe?

Traudl schiebt mich zielsicher durch die Gassen, bis wir, nun ja, wie soll man das bei aller Liebe zum Antiquariat beschreiben, vor einer einst sehr schmucken Restauration stehen, deren liebevoll angebrachten Deko-Artikel den Putz daran hindern, der Schwerkraft zu folgen. Was bei mir Skepsis hervorruft, wird bei Traudl zu Begeisterung. Wir stehen vor einem Elsässer Spezialitäten-Restaurant. Das Personal ist studentisch, leger, freundlich. Und es ist wohlriechend, das Personal. Im Gegensatz zu den Käseschwaden aus der Küche.

Käsebrote. Ja liebe Leser. Elsässer Käsebrote. Vergessen Sie Ihre Vorstellung jener Käsebrote, die sie zu Hause lieblos zwischen Tagesschau und Tatort auf ihrer Anrichte zusammenmontieren. Jene mit folierten Scheibletten belegten Papp-Brötchen, die mit einer geschnittenen Tomate auch nicht mehr zu retten sind.

Hier im Straßburger Käsebrot-Geheimtipp wird das Käsebrot geadelt. Und wahrlich sitzen hier auf wackligen Gartenstühlen lukullische Feingeister, die sich nach jahrzehntelanger Leckerei in sternenverseuchten Lokalitäten mit anschließenden Magenversstimmungen wieder der rustikalen Elsässer Brachialküche zugewandt haben. Ich denke, der Besuch einer Balinesischen Garküche hätte mich nicht minder beeindruckt.

Straßburg ohne Bootsfahrt ist wie ein Gugelhupf ohne Rosinen. Lauschig mäandern die Seitenarme der Ill durch die Altstadt. In einer Schlange zusammen mit familiären Kleinkollektiven stehen wir bei der Landungsbrücke, um den verglasten Ausflugskahn zu besteigen, der sich sodann wie ein träges Nilpferd unter spinnwebverhangenen Brücken (Traudl: „Wie bei uns daheim!") durch die Altstadt schiebt. Vorbei an Jahrhunderten wechselvoller Geschichte, also viel zu viel für einen einzigen Ausflugstag mit solch multiplen Herausforderungen. Wird das Ufer lichter, treten die ans Wasser gebauten und historienschwangeren Immobilien zurück. Wir erreichen das Große Parlament für Europa. Hier nun richten sich die Blicke der jugendlichen Ausflügler erstmals hinweg von ihren elektronischen Unterhaltungsspielzeugen und sie blicken kurz zum Parlament. (Traudl: „Jesses isch des an Kaschde!") Über das illustre Innenleben jenes Kastens berichtet der Kapitän, ganz in Elsässer Mundart, da geht der Blick der Jugend schon wieder zum Display ihrer elektronischen Lebensmittel. Einzig das Wendemanöver des Ausflugskahnes im großen Becken vor dem Parlament scheint wirkliche Faszination hervorzurufen ob der Manövrierkunst des Kapitäns.

Gerne hätte ich meiner Traudl ein paar Exemplare des in Traditionsuniform gehüllten Elsässers gezeigt. Doch waren es überwiegend in bodenlange Gewänder gehüllte Schwarzafrikaner, unter Turbanen und exotischen Kopfgebinden versteckte Fremdlinge und Wikinger in Ringelhemden, die uns auf unserem Ausflug in Straßburg begegneten. Wohl ist der Elsässer ein scheues Wild, er bleibt im Unterholz, denn das Laute und das Hektische ist ihm fremd. Er wäre wohl fremd hier unter Fremden.

Wortlos sitzen wir in der Tram. Müde. Die Augen werden schwer und nur ab und zu werfe ich einen Blick auf die Peripherie Straßburgs. Vielleicht wohnt ja dort noch der eine oder andere Elsässer.

„Gell Schatz. Am schönschte isch so en Stadtbummel, wemmer wieder daheim isch!"

Eine poetische Reise...nicht nur durch Baden

Seh' ich hinaus ins Deutsche Land, mit meinen kleinen Blicken, so weiß mein Herz zu fragen: Was gibt es Neuss? Wer wird Siegen im Augenstreit, die schönste Stadt zu finden. Es kann sich Isarlohnen weit zu schauen, dort wo es Wolfenbüttelt, Görlitzt und Scharbeutzt. Doch wer wird es Erlangen, das siegreich Laupheim auf dem Haupte. Die aus Menden verenden und die aus Lever verkusen. Gladbach so bergisch und Biele fällt. Da bleibt nur ein Braunschweigen überm Land und aus der Ferne Schwäbisch Hall. Wormsen können sie alle, aber dann? Beim Pirmasensen und beim Recklinghausen, da sieht man hernach keinen Siegen.

Und im Süden? Burladingen, Trochtelfingen, Bisingen. Ja ist denn in Ulm, um Ulm und um Ulm herum nichts weiter? Nur Engen, Tengen und Ingen. Könnte es Kempten Gerlingen? Oder Regensburg, die nasse Zelle, das deutsche Klagenfurt? Wer wird den Landshut schmücken mit dem Gamshurst. Da wäre noch Bad Reichenhall, doch ist dies nicht das Salzburg in der Suppe. Ja nun, da liegt so einiges im Langenargen. Wohin uns das noch Fürth, Gesindelfingen nochmal!

Doch nun das Badner Land, wo Hinter zarten Händen ein innig Liebenzell. Und hier kann ich Berghaupten: Hier Stupfer ich, hier Lauf ich, hier Rust ich und hier rast ich. Ich spür's und ich hör's. Nie mehr Moers.

Aus der Küche höre ich unsern Kuckuck elf Mal seine luftlose Kunde rufen. Es ist 10 Uhr am Vormittag. Ohne ein „Guten Morgen" schleicht Schorschi durch die Diele und verdrückt sich ins Badezimmer. Er muss heute erst später zur Schule.

Gestern hatten wir einen Streit. Ich hatte ihm mein Fahrrad ausgeliehen. Sein eigenes Rad hatte einen Plattfuß. Nun habe ich mein Fahrrad zurück.

Der Klingeldeckel fehlt, es ist mit Schlamm verspritzt und das hintere Schutzblech verbogen. Mein Rad bekommt er nicht mehr. Basta!

Ich bin verständlicherweise genervt. Nervöse Anspannung kann ich am besten beim Zeitung lesen abbauen. Also schlag ich, nachdem die Wellen der Erregung etwas abgeflaut sind, den Sportteil meiner Zeitung auf und lese: „KSC leiht Meffert von Freiburg aus." Oh je, denke ich, und es fällt mir wieder mein demoliertes Fahrrad ein. Auch der Meffert ausgeliehen. Und dann noch vom SC Freiburg. Ausgerechnet. Das ist ja nun bekannt, wie die Freiburger nach dem Spiel Schlamm verspritzen und mit verbogenen Schutzblechen vom Platz hinken. Die Schwarzwälder Spielweise fordert ihren Tribut und Freiburgs Trainer kann schon mal den Spielern einen Streich spielen. Darüber hinaus hat ein Spieler, der ständig auf der Ersatzbank sitzt, kaum noch Druck in den Reifen und sein Lauf ist nicht mehr rund, womöglich eiert er beim Stürmen, hat also einen Achter im Lauf.

Mein Gott, rennen denn im Hardtwald nicht genug talentierte Jungkicker herum, aus denen man eine Mannschaft zusammenstellen könnte. Muss das denn sein, dass man Spieler aus anderen Vereinen ausleiht? Hat sich das noch immer nicht herumgesprochen, dass, wenn man jemandem etwas ausleiht, man es meist nicht mehr im ursprünglichen Zustand zurückbekommt? Irgendeinen Verschleiß gibt es immer. Also ich leih' mein Fahrrad definitiv nicht mehr aus!

Schorschi hatte also mein Fahrrad ausgeliehen, weil seines einen Plattfuß hatte. Ich habe, und da führe ich exakt Buch, alle zwei bis drei Jahre einen Plattfuß. Schorschi hat ständig einen. Ich weiß nicht, woran das liegt, aber es ist so. Traudl liegt irgendwo dazwischen.

Zum Plattfuß kommt es meistens dann, wenn man ihn ganz und gar nicht brauchen kann. Wenn es pressiert, man auf den Zug muss oder zum Arzt. Es ist verrückt. Wir schieben in Vorfreude auf eine sonntägliche Radtour das Rad aus dem Schopf, und schon ist er da, der Plattfuß.

Manchmal lässt er auf sich warten, man hat schon längst vergessen, dass es so etwas wie einen Plattfuß überhaupt gibt. Aber dann kommt er doch, spätestens dann, wenn es besonders zugig ist oder anfängt zu regnen. Flickzeug hat der versierte Radler stets an Bord. Doch hilft das auch nicht weiter, wenn man die Luftpumpe vergessen hat.

In der Folge heißt das nun, entweder das Fahrrad zum Händler bringen und wochenlang darauf zu warten (Plattfüße treten oft epidemieartig auf, so dass die Händler alle Hände voll zu tun haben), oder selber den Reifen abziehen, flicken und neu aufziehen. Aber wer kann denn noch dieses alte Handwerk mit seinen unzähligen Unwägbarkeiten.

Ich selbst beherrsche glücklicherweise diese altertümliche Handwerkskunst, doch ist entweder die passende Flickengröße nicht vorrätig, die Gummilösung leer, eingetrocknet oder gar nicht vorhanden, oder aber das Loch befindet sich unmittelbar neben dem Ventil, so dass ein neuer Schlauch gekauft werden muss. Gewöhnlich hat an solchen Tagen das Fahrradgeschäft geschlossen.

Schon allein den Reifen abzuziehen stellt höchste Anforderungen an den Monteur, die mit Fug und Recht mit der Kunst verglichen werden kann, einen Hasen zu häuten. Die schwarzen Finger wieder zu reinigen ist da nur eine kosmetische Herausforderung. Fahrrad flicken gehört zu den am wenigsten geliebten Notwendigkeiten, gleich hinter einer Darmspiegelung.

Hat man es geschafft, seinen geflickten Schlauch wieder unterm sachgerecht aufgezogenen Mantel zu verstauen, gilt es Luft zuzuführen. Hier stellt sich dann gleich das nächste Ärgernis ein, denn die Luftpumpe gehört zu den Alltagsgegenständen, die am häufigsten nicht dort zu finden sind, wo man glaubt, sie abgelegt zu haben. Nur Autoschlüssel sind öfter unauffindbar.

Mit Traudl bin ich oft unterwegs per Fahrrad. Die Weiten der Rheinebene sind mit Radwegen durchzogen wie ein Schnittmusterbogen mit Strichlinien. In Erinnerung, mehr im Gedenken an eine Radtour und einen besonders heimtückischen Plattfuß, habe ich das folgende Lied meiner Traudl gewidmet.

Die Radtour

Drauße im Ried, da hasch kaum Verkehr
ich aufem Rennrad, mei Traudel hinterher
auf ihrem Dame'rad, mit riesige Tasche
Esse und Trinke in Thermosflasche
trockene Wäsch', und für mich Vitamin
's Öl-Kännel für mei Rennmaschin
de Hund im Körbel und de Schorschi im Sitz
du glaubsch net wie ich auf dem Rennrad schwitz

Anscheinend hän auch noch andere Leut
sich auf den Sonntag auf em Fahrrad g'freut
zum Beispiel de Ausflug von de Sanitäter
die Asylante auf de Secondhandräder
und dann die Schwobe, irrsinnig viele
auf billige Aldi-Tret-Mobile
hinter uns an Pulk, der wird immer länger
vor uns an Traktor mit em Gülleanhänger

Refrain: Simmer noch so malad, simmer noch so mied
am Sonntag da geht's mitem Fahrrad ins Ried

Alle paar Meter wird was gebote
Schlofer, Bremser, Fahrrad-Chaote
Greenpeasler, die den Weg blockiere
gege die Vertreibung von Käfer demonstriere

Ohne Worte

die Bauernschaft macht den Radweg dicht
weil der Milchpreis keinen Gewinn verspricht
dann braucht's nur noch Gaffer, die Fotos mache
während Rennradler in des Stauende krache

Lange Gerade, der Weg net zu schmal
des Ried isch zum Radle optimal
völlig relaxt, du musch kaum lenke
gucksch in die Gegend, musch an nix denke
doch wenn's dann doch um d'Kurv rumgeht
siehsch die Biegung viel zu spät
na versuchsch noch zu bremse, die Kurve zu kriege
doch do sieht mar dich schon im Grabe liege

Refrain: Simmer noch so malad, simmer noch so mied
am Sonntag da geht's mitem Fahrrad ins Ried

Bei uns in Baden, da weiß jedes Kind
der Feind jeder Radtour isch der Gegewind
fahrsch Richtung Süde, na kommt er entgege
fahrsch Richtung Norde, musch dich tiefer lege
immer von vorne, der macht des grad z'Leid
dann gibt's noch sein Bruder, der kommt von der Seit
ganz schlimm da wird's, wenn der sich mal dreht
wenn der Seitewind von vorne weht

Was hatte mir schon für hitzig' Debatte
„Traudl, warum hasch du ständig en Platte
gugg doch nach unte, auf de Asphalt"
doch sie fahrt grad weiter und guggt in de Wald
sie freut sich am Kuckuck und an de Spatze
doch sie hört's net wenn ihr die Reife platze
sie macht sich Sorge, wenn die Blümle verwelke
doch sie fährt grad weiter, auf de nackige Felge

Refrain: Simmer noch so malad, simmer noch so mied
am Sonntag da geht's mitem Fahrrad ins Ried

Lautlos ist Traudl herangerollt. Mit der letzten Strophe habe ich mich nun gerade nicht beliebt gemacht. Unser eheliches Tandem scheint etwas aus der Spur zu geraten, als Traudl die letzte Strophe liest.

Nun gut, glücklicherweise gehört das Thema Plattfuß von nun an der Vergangenheit an, zumindest was Traudl betrifft. Sie hat sich vergangene Woche ein neues Fahrrad gekauft, das mit Reifen ausgestattet ist, die unplattbar sind. Ja es heißt so, ich kann es nicht ändern, ich kann mich nur wundern, was die deutsche Sprache zustande bringt, wenn es um die Vermeidung eines Plattfußes geht. Wobei der „Plattfuß" im Zusammenhang mit einem Fahrradreifen auch nicht erste Wahl ist. Sich eine Begriffes aus dem orthopädischen Sprachgebrauch zu bedienen, wenn der Fahrradreifen seine Luft verliert, ist gewagt. Einen Reifen als unplattbar zu bezeichnen ist mehr als gewagt. Es müsst im Umkehrschluss heißen, dass Traudls altes Rad plattbar war. Auch nicht besser.

Sie war also gut beraten, im Fahrradgeschäft sich vom unplattbaren Reifen überzeugen zu lassen. Gute Beratung ist das A und O des Fahrradkaufs. Die Vermessung ihrer Extremitäten und die daraus resultierende Computeranalyse erinnerte mich an den jährlichen Gesundheits-Check beim Hausarzt. Blut wurde im Fahrradgeschäft nicht untersucht, aber auf Nachfrage kann man gerne ein großes Blutbild einreichen, um die optimalen Tretwerte zu bestimmen und dann das passende Rad zu finden. Sobald vom Kunden ein Neukauf angesprochen wird, wird's richtig ernst. Ab hier geht's zur Sache und hier ist jetzt die kompetente Beratung gefragt. Wie gesagt, die Beratung ist das A und O des Fahrradkaufes. Das ist so sicher wie das Amen in der Kirche, also eine unplattbare Tatsache. Ohne Beratung ist ein zufriedenstellender Fahrradkauf nicht möglich, genauso wie ein Fahrradschlauch ohne Luftpumpe nicht zu befüllen ist.

„Da haben wir beispielsweise einen 26-Zoll-Lowrider, im Prinzip handelt es sich um einen tiefer gelegten Chopper, also einen kastrierten Cruiser, allerdings ohne Gepäckträger. Sollten Sie die Bequemlichkeit vorziehen, empfehle ich ein Liege-, Steh- oder Sitz-Rad. Liegeräder sind im Trend, Stehräder im Kommen und Sitzräder gibt's im Angebot. Im Angebot sind außerdem Falträder zum Klappen oder Klappräder zum Falten. Und wenn Sie viel auf Reisen sind, empfehle ich ein Trekkingrad zum Zerlegen. Trekkingräder sind Tourenräder bzw. Reiseräder. Wenn Sie nach Holland wollen, empfehle ich Ihnen ein Hollandrad, für die USA dann das Bonanza-Rad. Allerdings ist hier ein Visum erforderlich. Mobile Paare bevorzugen das Tandem, das wir auch als Rikscha anbieten. Für die Rikscha haben wir betriebseigene Fahrer, die Sie stunden- bzw. tageweise

anmieten können. Alternativ können Sie dieses Gefährt als E-Bike, Pedelec, Sofa-Mofa bzw. Chaiselongue-Bike erwerben. In der Schwerlast-Version bis 7,5 Tonnen oder für den Personennahverkehr bis 25 Personen."

Am Ende der Beratung, der ich neugierig beiwohnte, wollte ich dann noch wissen, ob es das angesprochene Sofa-Mofa auch als Liegerad gibt. Da ich gerne bewegungseffizient radele, wäre dieses Gefährt eventuell eine Option. Zudem hat es serienmäßig unplattbare Reifen, was ich ausgesprochen funktionell finde, denn ein Plattfuß beim Mittagsschlaf wär meinem Ruhebedürfnis nicht gerade förderlich.

Das Fahrrad ist wendig und windig, stürmisch gar in seiner elektrischen Version. Meine Traudl und ich fahren noch ohne elektrischen Antrieb, denn das Gegenteil von selber treten heißt getreten werden. Und wer will das schon.

Die aus der tretenden Bewegung gewonnene Lustbarkeit kann jedoch nur von Dauer sein, ist das ruhende Rad auch nach dem Abstellen wieder aufzufinden. Ergo will es gesichert sein.

So gilt es, Vorderräder als auch Hinterräder mit einem Stahl-Bügelschloss „Werwolf W 18" zu sichern. Beide Rahmen mit einem Panzerkettenschloss „Leopard" zu verbinden und hernach beide Fahrzeuge mit einem mindestens 4 Meter langen Titan-Kabelschloss „Iltis" am Laternenpfahl anzuketten. Sämtliche flexiblen Teile wie Sattel, Klingeldeckel und Tacho sollten abgenommen werden. Am Stahlbügelschloss „Werwolf W 18" empfiehlt es sich, zwei Rottweiler Kampfhunde mit einer Rahmenhöhe von 68 cm beizustellen, möglichst ohne Schutzbleche, also sehr geländegängig. Gemäß Kampfhundeverordnung sind beide Rottweiler mit Fahrradhelmen auszustatten. So gesichert darf sich der Fahrradaktivist getrost sicher sein, dort seinen Drahtesel wiederzufinden, wo er ihn ursprünglich angebunden hat.

Kleine Anmerkung: Wer sein Fahrrad mit einem Kampfhund absichern möchte, sollte unbedingt unplattbare Reifen haben.

Auch wenn ich aus vielerlei Gründen dem Autofahren kritisch gegenüberstehe, so besitze ich doch einen Führerschein und bin im Besitz eines Kraftwagens. Den Kilometerstand werde ich Ihnen nicht verraten, ich möchte mich nicht zum Gespött machen. Nicht jeder Mensch hat eine Lizenz zum Fahren eines Kraftfahrzeuges. Es gibt Menschen, die entscheiden sich ganz bewusst dagegen und bewegen sich mit öffentlichen Verkehrsmitteln. Auch immer mehr junge Menschen entscheiden sich aus ökologischen oder sonstigen Gründen gegen das Autofahren.

Die Geister die ich rief

Meine Mutter hatte keinen Führerschein. Für was auch. Mein Vater hatte bereits einen, und da war ein zweiter überflüssig. Zudem hatte sich abgezeichnet, dass derjenige, der für die ausschließliche Bedienung des Radioapparates sowie des Aufziehens der Kuckucksuhr zuständig war, nicht die Oberhoheit im Cockpit des Autos abgeben würde.

Auch wenn dunkle, rußschwangere Wolken über die schwarzen Wälder ziehen, es bleibt die Tradition des Diesels in unserer Familie bestehen. Der Großvater, der Vater, ich selbst und auch mein Sohn, alle werden dem Diesel die Treue halten.
Rudolf Christian Karl Diesel war kein Badener. Er wurde in Paris geboren und hatte in Bayern gewirkt. Und doch ist er als Nichtbadener eine stete Größe, die unserer Familie Auftrieb wie Fortschritt brachte.
Wir hatten und wir haben den Diesel im Blut. Seit 1980 fahre ich den alten Mercedes meines Vaters. Die Königsklasse, den 190er Diesel. Das Tier unter all den motorgetriebenen Fortbewegungsmitteln. Hinten Haifischflossen, vorne Fuchsschwanz, in der Mitte wir drei Rindviecher. Der Elefant unter den PKW. Mit einem Gesamtgewicht von 1,4 t bei 55 PS eine Herausforderung für Motor, Getriebe und Besatzung. Von 0 auf 100 in 10 Minuten und 11 Sekunden. Dabei wird mehr geschluckt als gefressen. Die Bezahlung einer Tankfüllung ist nur noch mit einer Bankbürgschaft möglich und das langwierige Tankritual wird mit der Lektüre umfangreicher Familienromane überbrückt.
Die Innenausstattung ist von schlichtem Charme, es gibt den unverzichtbaren Zigarettenanzünder, mit dem der Vater noch seine Roth-Händle in Brand setzte, und es gibt das großräumige Handschuhfach, in dem meine Traudl auch heute noch ihre Handschuhe einlegt, denn jedes Ding hat in unserer Familie seinen Platz. Dort, wo schon Vaters Roth-Händle lagen, liegen heute Traudls Handschuhe. Dort ruht auch Schorschis Handy während der Fahrt, denn wie beim Essen, beim Schlafen und allen anderen Kulthandlungen, ist dieses elektronische Gerät während der Fahrt stillzulegen.
Die Sommerferien verbringen wir in Italien. Ende Juli geht's Richtung Schweiz und über den Gotthard hinunter zum Lago Maggiore. Es ist jedes Jahr das Gleiche. Bei der Abfahrt vom Pass, den wir dem Tunnel bis heute vorziehen, haben wir aufgrund des enormen Gewichtes (Man bedenke: Selber gestricktes Baumwollzelt auf dem Dach, 40 Dosen Ravioli und zwei Kisten Ulmer Export im Kofferraum) solch einen Schwung drauf, dass wir glattweg an der Autobahn-Ausfahrt in Bellinzona vorbei schießen, weil ich die Wucht dieser beschleunigten Masse nicht mehr abbremsen kann. Erst in Mailand kommen wir zum Stehen. Bei Rückenwind geht's bis Rom.

Mit einem um eine halbe Tonne leichteren Elektroauto, und dies sei aus aktuellem Anlass angefügt, würden wir nicht einmal bis Pisa kommen. Und ob wir dort die passenden Ladevorrichtungen vorfinden würden, ist mehr als fraglich, denn wer bei der vertikalen Ausrichtung der städtischen Türme keine Sorgfalt walten lässt, der wird wohl schwerlich für passende Aufladesäulen samt kompatiblen Steckdosen sorgen.

Bei allem Hin und Her, den Diskussionen über die Schadstoffe des Dieselmotors, die gerade im Jahre 2017 aufkamen und ganze Familienverbände in Dieselbefürworter und Dieselablehner zerteilten, standen und stehen wir in Treue fest zum Diesel. In unserer Familie herrscht Einigkeit. Man kann den Diesel optimieren, da ist noch Luft nach oben! Und eines ist nicht wegzudiskutieren. Diesel fahren ist sexy. Die haptische Stimulation eines 190er Diesel-Aggregates Baujahr 1960 hat eine ganze Generation sexuell dermaßen stimuliert, dass damals am Wochenende die Straßen voll waren. Dies hatten meine Eltern nicht Oswald Kolle zu verdanken, sondern Rudolf Diesel. Endlich durften die Frauen Spaß am Autofahren empfinden. Dies nicht nur, weil ihre Ehemänner diszipliniert fuhren und die Geschwindigkeit in Maßen hielten, vielmehr weil die intensivste Vibration des Diesel-Aggregates bei 90 Stundenkilometern zu genießen ist.

Erotik und Autofahren waren zu allen Zeiten eine Allianz. Und doch muss man heute, nachdem die ersten E-Autos in aller Stille, ohne Stöhnen, Jauchzen und Röhren über die Straßen gleiten, festhalten: Elektroautos sind unerotisch. Kommen schnell, machen aber schnell wieder schlapp. Auch durch Kaufprämien werden diese Lustbremsen nicht begehrenswerter.

Geht man einen Schritt weiter zum autonomen Fahren, zum Autopiloten, so bleibt von Erotik rein gar nichts mehr. Noch nicht einmal die gebotene, natürliche, zwischenmenschliche Beziehung.

Sind wir mit unserem 190 Diesel unterwegs, so fahre grundsätzlich ich. Traudl ist Beifahrerin. Autoatlas auf den Oberschenkeln. Bei längeren Fahrten schält sie einen Apfel und schneidet mundgerechte Apfelstückle.

Nun fahren wir ein uns unbekanntes Ziel an. Navi haben wir nicht, wollen wir nicht, brauchen wir nicht. Wir sind selber autonom, fahren selbst und navigieren selbst.

„Jetzt dann da vorne irgendwo links abbiege!" „Jetzt dann" heißt: Irgendwann zwischen: vor 5 Minuten oder in einer halben Stunde. „Da vorne" kann viel heißen. Entweder dort wo wir gerade vorbei gefahren sind oder hinterm Horizont. Und „links" heißt in der Regel rechts. Dies sind einzigartige, tiefemotionale und menschliche Momente zwischen Traudl und mir, die wir mit einem Autopiloten niemals erleben dürften. Ich bin mit festem Glauben überzeugt: Ein Autopilot wird irgendwann in ferner Zukunft Äpfel schälen können. Aber er wird niemals zwischen einem Boskop und einem Jonagold unterscheiden können.

Es ist Mittag geworden. Traudl steht seit einer Stunde in der Küche, drückt den Spätzlesteig durch die Presse und auf dem Herd köcheln Äpfel im Topf. Vielleicht haben Sie schon einmal selbst gemachte Spätzle mit Apfelmus gegessen. Vermutlich nicht. Schorschi meint, diese Kombination, diese Art von Essen aus Zeiten, in denen es nichts anderes gab, also in Notzeiten, dieses Magergericht sei bezüglich Optik, Geschmack als auch Sättigungsgrad seinen Bedürfnissen nicht gewachsen.
Er scheint meiner Ansicht nach von einer soliden Geschmacksreife noch weit entfernt zu sein, denn die säuerliche Süße eines Muses durchgegarter Äpfel und das Vergnügen, gummiartig federnde Teigwürmchen zu zerkauen, machen aus diesem einfachen Gericht ein Gedicht. Mehr geht beim besten Willen nicht. Hier werden weder Sterne, Kochmützen noch Kochlöffel verliehen. Nur Gaumenglück und Magentrost.

Bis über die Grenzen Badens habe ich mich heute hinaus bewegt, hinüber ins Elsass bis nach Straßburg. Mit dem Fahrrad ging es ereignisreich durchs Ried und so werde ich mich nach dem nun genussvollen Verzehr von zwei Portionen Spätzle mit Apfelmus zum Mittagsschlaf niederlegen.
Bis heute Abend habe ich noch einen langen Weg bis zum Ende meines Kapitels zurückzulegen. Es sind im wahrsten Sinne des Wortes bewegende Momente, die ich bisher beschrieben habe. Mal zu Fuß, auf dem Rad, im Auto oder wie ein Fisch im Wasser.
Traudl, Schorschi als auch ich sind im Sternzeichen des Wassermannes geboren. Wir fühlen uns diesem Sternzeichen verpflichtet, denn wir sind bestimmt nicht durch Zufall dort hineingestellt worden, von wem auch immer. Irgendeine Ordnung muss es geben, und selbst wenn wir nicht wissen, wer sie gemacht hat, wir stellen uns hinein. Wir schwimmen.
Schwimmen ist eine Art der Fortbewegung im Wasser, außerhalb von Badewannen. In vielerlei Ausprägung wird geschwommen. Jeder hat hier seine Vorliebe.
Der Rückenschwimmer ist der Gemütliche, der Brustschwimmer ist der Vitale und der Schmetterling ist der ganz und gar Sportliche. Dann gibt es noch den Krauler, der ist alles zusammen, nur nicht gemütlich. Den Seitschwimmer gibt es noch, aber diese Spezies ist selten und ich bin mir auch nicht sicher, ob ich nicht der Einzige bin, der sich so durchs Wasser bewegt, in einer Kombination

Mahnmal für Spätzles-Opfer

aus Kraulen und Brustschwimmen, halb auf der Seite liegend, den rechten Arm einer Lanze gleich nach vorne stoßend. Es ist schwer zu beschreiben, weil ich mich beim Seitschwimmen nicht selbst beobachten kann und andererseits auch extrem selten Schwimmer mit so abnormen Bewegungen sehe.

Ich habe von einem älteren Herren gehört, der dem angeblichen Ertrinken nahe gerettet wurde, hernach aber behauptete, seine Armbewegungen seien von den Rettungsschwimmern falsch interpretiert worden, er sei ein Seitschwimmer.

Inzwischen glaube ich, ich habe mir dieses missglückte Brustschwimmen mehr aus Unvermögen angewöhnt, als dass es bewusst von mir so gewollt war. Irgendwann in meiner Schwimmentwicklung muss ich von der allgemein üblichen Bewegungsabfolge des Brustschwimmens abgekommen und in eine Seitenlage gekippt sein.

Traudl ist die klassische Brustschwimmerin, wobei ihre unkoordinierte Beinarbeit eher an die Fortbewegung von Fröschen oder Kröten erinnert und ich somit ihren Schwimmstil als Krötenschwimmen bezeichnen möchte. Schorschis Schwimmstil ist bei oberflächlicher Betrachtung der Schmetterling. Schaut man jedoch genauer hin, so lässt der inzwischen etwas breit geratene Schulterbereich samt Armrotoren (Flügeln) eher an eine startenden Schwan denken. Dann gibt es noch Taucher, auf die ich hier nicht eingehen möchte, weil sie nicht sichtbar sind und somit ihr Treiben schwer zu beschreiben ist.

Begibt man sich an einen Badesee, sagt man entweder: „Ich geh' Schwimmen", oder man sagt: „Ich geh' Baden". Ich habe mich für Letzteres entschieden. Damit keine Missverständnisse entstehen: Ich kann, wie bereits erwähnt, mich seitschwimmend über Wasser halten. So gesehen gehöre ich zu den Schwimmern. Jedoch schwimme ich nicht, bzw. ich schwimme ungern, gar nicht bis extrem selten. Mit gleicher Vehemenz wie ich gerne bade, ist mir das Schwimmen eine Beschäftigung, dessen Sinn, sehe ich vom gesundheitlichen Aspekt einmal ab, sich mir nicht erschließt. Da geht's mir ähnlich wie beim Fliegen. Das meide ich so gut ich kann, bin aber dennoch sehr gern an der Luft, liebe die Meeresluft genauso wie die Bergluft, gebe mich dem Luftbad hin und atme gerne tief durch, um meine Lungen zu beflügeln. Also auch wieder eine Art von Fliegen.

Zurück zum Schwimmen. Ich möchte meine Schwimm-Aversion jetzt nicht psychoanalytisch herleiten oder ein sportliches Unvermögen anführen, denn ich erinnere mich, dass ich 2011 am Weitenunger Baggersee vom Ostufer zum Westufer und wieder retour geschwommen bin, und meine schwimmende Begleiterin nach Erreichen des Handtuchplatzes anerkennend gemeint hat: „Toll, in Deinem Alter!"

Wann ich das Baden entdeckt und lieb gewonnen habe, weiß ich nicht, doch muss es sehr weit zurückliegen. Wasserscheu bin ich also nicht und mein Sternzeichen deutet auch auf die Nähe zum Wasser hin.

Gehe ich beim Baden unter, schwimme ich selbstredend und aus Gründen der Selbsterhaltung zurück in den Badebereich. Für die Katz' war es also nicht, dass ich Schwimmen gelernt habe.

An meinem Badesee in Grauelsbaum bade ich. Ausschließlich. Das hängt damit zusammen, dass ich ein zwanghaft strukturierter Mensch bin, der beispielsweise im Kino nur guckt und nicht gleichzeitig Popcorn isst. Ich trenne klar. Entweder oder. Entweder ich bade oder ich schwimme. Nicht gleichzeitig Film anschauen und Popcorn essen. Nun hab ich mich fürs Baden entschieden und dabei möchte ich verbleiben. Ganzjährig. In Wanne und See. Da schwanke ich nicht in meiner Festlegung, das bleibt so. Als Kind konnte ich nicht schwimmen und genoss die Vorzüge des Badens. Später konnte ich schwimmen, wollte aber nicht mehr. Vielleicht aufgrund der positiven Erinnerung an das kindliche Baden. Im Alter ist es ehedem ratsam, sich auf die sichere Seite zu schlagen und die liegt eindeutig im Badebereich.

Meine Traudl hat mir kürzlich eine „Schwimmnudel" geschenkt, weil sie der Meinung war, das würde mir wieder den Zugang zum Schwimmen erleichtern, wobei ich keinerlei Interesse habe, diesen Zugang zu finden. Geschweige denn jemanden zu haben, der ihn für mich findet. Vielleicht, so ihre Vermutung, stecke eine Angst vor großer Tiefe dahinter. Und da sei dieser neumodische Auftriebskörper, die sog. „Schwimmnudel", genau das Richtige. Nun bin ich aber, was das Wort und seinen Klang angeht, sehr eigen. Zwanghaft fast und suche stets das Schöne, das den Ohren schmeichelt und dem Gesagten die richtige Bedeutung verleiht. Manche Worte sind mir schon beim Hören unsympathisch, da überkommt mich regelrecht ein Ekel. Und „Schwimmnudel" gehört dazu. Ob mir dieses Ding nun Auftrieb verleiht oder nicht, mein Leben rettet oder nicht, ich lehne es schon vom Wortklang ab. Einem Badenden eine „Schwimmnudel" zu schenken zeigt, wie wenig man diesen geliebten Wassermann in all seinen Untiefen kennt. Und schätzt. Und liebt. Wohl weiß ich, wie der Erfinder dazu kam, was ihn getrieben hat, für seinen Schaumschlauch einen Begriff aus der Teigwarenindustrie zu übernehmen. Anscheinend fand er es sehr originell, verkaufsfördernd sowieso. Doch Semantik will auch gepinselt werden, wohlgeformt und zielsicher angebracht. Was hat die Nudel im Wasser verloren? Ja zugegeben, eine Nudel wird im Wasser schwimmend gekocht. Also in kochendem Wasser und nicht bei 19 Grad in einem öffentlichen Badesee. Und wenn schon Nudel, dann bitte Cannelloni. Doch noch nicht einmal das, denn die Cannelloni ist ein Hohlkörper und der Schaumschlauch ist gefüllt. Nicht mit Hackfleisch, sondern mit Schaum. Es führt zu nichts. Ich habe zu meiner Traudl gesagt, dass jenes Schwimmgerät von älteren Semestern untergeschoben wird, was dann aussieht, als seien diese greisen Schwimmerinnen und Schwimmer in Lendenhöhe auf einer Gabel aufgespießt. Dergestalt möchte ich auf keinen Fall gesehen werden und so habe ich diese Schwimmnudel zu Hause an die Garagenwand genagelt, damit ich die Fahrertür beim Aussteigen nicht gegen die Wand schlage.

Sie müssen sich mein Baden so vorstellen: Ich gehe von meinem Liegeplatz zum Ufer. (Mein Handtuchplatz liegt grundsätzlich im Schatten. Auch hier exakte Festlegung. Immer Schatten, nie Sonne, immer Baden, nie Schwimmen, immer nur Film, nie gleichzeitig Popcorn).

Dort suche ich einen gut begehbaren Zugang und betrete das Wasser. Ja, ich betrete das Wasser. Ich erinnere an das Kneipp'sche Wassertreten.

Das Knie ist eine Markierung, die zum Baden wie geschaffen ist, ja vielleicht von der Schöpfung genau dort angelegt wurde. Also gehe ich, bis mir das Wasser bis zum Knie steht und verweile ca. 5 Minuten. Beim Baden trage ich eine schwarze Badehose, englisch „Shorts." Sie hat eine gerade Unterkante, ich glaube es heißt Hosenschenkelsaum, bzw. Schenkelhosensaum oder Saumhosenschenkel. Hat die Wasseroberfläche diesen Saum erreicht, befinde ich mich in der zweiten Badestufe.

Das Wasser steht mir nun bis zum Hosensaum. Wieder 5 Minuten intensives Baden. Eine weitere Markierung ist der Bauchnabel, wo ich allerdings 10 Minuten badend verharre, weil sich zwischen Hosensaum und Bauchnabel der sensible Bereich befindet, und dieser braucht etwas länger, um sich an die ungewohnte Temperatur zu gewöhnen. Nächste Etappe Brustwarzen. Wieder 5 Minuten. Dann Schlussetappe auf Höhe Schlüsselbein. Dort steht mir nun das Wasser bis zum Hals und der Badevorgang neigt sich seinem Höhepunkt entgegen. Ich tauche kurz unter, streiche mir die nassen Haare nach hinten und sage entweder „So!" oder „Ja!" Haare nach hinten ist wichtig, weil ich, zugegeben, doch lieber den Eindruck eines Schwimmers vermitteln möchte und Schwimmer haben die Haare immer nach hinten.

Der Rückzug ist meist überhastet, mit großen Schritten und rudernden Armbewegungen schaufle ich mich Richtung Ufer, verlasse mit schnellen Schritten die Sonne und sitze bibbernd auf meinem Handtuch im Schatten. Nach ca. 5 Minuten Trocknungszeit wechsle ich die Badehose, um einer Blasenentzündung vorzubeugen. Dieses Malheur ist weit verbreitet, nicht nur bei Frauen. Gerade bei Menschen mit hypochondrischer Hinwendung ist Badehosenwechsel nach spätestens 5 Minuten wichtig, ja zwingend.

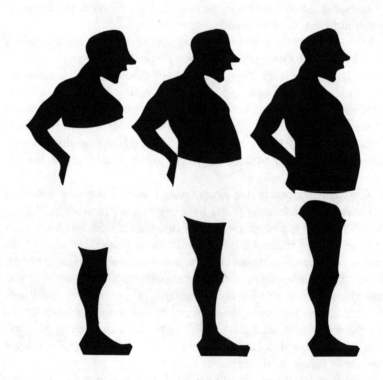

Badehosen im Wandel der Zeit

Ich sitze also auf meinem Handtuch und beginne mit dem Wechselvorgang. Hier bieten sich zwei Varianten an. Die stehende und die sitzende Umkleidung. Badeseen sind in der Badesaison meist gut besucht und aus Gründen der Schamhaftigkeit möchte man sein Geschlecht nicht der Öffentlichkeit darbieten. So wechseln die meisten Badegäste die Badehose stehend, wobei sie das um die Hüfte gewickelte Handtuch mit einer Hand festhalten. Wer diesen Wechselvorgang je gesehen oder selbst ausgeführt hat, der weiß um die Tücken. Es sieht aus wie Balinesischer Schlangentanz. Und! Es zieht die Blicke der Umhersitzenden erst recht magisch an. (Obwohl man als Wechsler gerade dies vermeiden will.) Diese Varieté-Einlagen sind wahrlich unterhaltsam an einem heißen Sommertag mit ansonsten wenigen Höhepunkten. Mancher Badegast verliert beim Ausstieg aus der Badehose oder dem Einstieg in die Unterhose das Gleichgewicht und kann, da keine Hand frei ist, auch nicht den Stand ausbalancieren, fällt also wie eine angesägte Akazie mit Weh und Ach zu Boden. Aus diesen genannten Gründen bevorzuge ich die sitzende Variante, die ich, mit Verlaub gesagt, fast in Perfektion beherrsche. Es ist für Außenstehende kaum sichtbar, was ich hier gerade mache. Das liegt an meiner Schnelligkeit, mit der ich die nassen Shorts durch leichtes Anheben des Pos herunterstreife und dann die Knie anwinkle, was den Blick auf mein Geschlecht verhindert. Und zum anderen liegt es daran, dass ich den Wechsel gut vorbereite, also die Unterhose schon griffbereit liegen habe, um sie über die angewinkelten Knie zu streifen. (Mittels unmerklichem Anheben des Pos.) Einzig das Hosengummi bleibt beim Ziehen über die Hüfte verwurstelt, was jedoch im Stand unauffällig und nachträglich zu richten ist.
Begegnen mir tags drauf in der Stadt Bekannte oder Freunde, so wird gerne gegenseitig gefragt, was man so mache in dieser herrlichen Sommerzeit. Ich sage dann gerne: „Ochja, ich bin gestern Schwimme gange!"

Wenn mich etwas bewegt, meine Gedanken mobil werden, dann neige ich ab und an zu Übertreibungen. Wie gesagt, ich neige dazu. Neigungen, erkläre ich Traudl, Neigungen sind erst mal Neigungen, also Andeutungen, Hinwendungen, Richtungsvorhaben. Wer sich neigt, kippt noch nicht. Zugegeben, ich kippe auch zeitweise. Aber in den meisten Fällen neige ich zu etwas. Zum Beispiel sage ich: „Ich neig' dazu, ab und zu e Viertele zu viel zu trinke!" Das ist dann das berüchtigte 5te Viertel! Dies bedeute ja nun nicht, dass ich jeden Tag eine Flasche hinunter kippe. Ich neige nur dazu. Traudl entgegnet: „Schatz, du übertreibsch deine Neigunge!"
Man hat sich, und ich mich im Besonderen, ja nicht immer im Blick und unter Kontrolle. Und dann passiert es eben, dass ich einen Sachverhalt in einem

Ohne Worte

Übermaß beschreibe, ihn in aufbauschender Weise darstelle oder ins Absurde führe. Entweder ich überschmücke das Triste, dramatisiere, oder ich bausche das Belanglose zu einer Staatsaktion auf. Bin ich erst am Übertreiben, dann mache ich nicht nur aus Mücken Elefanten, sondern auch aus Elefanten Walfische. Aus Winden mache ich Stürme und jene beschreibe ich mit solcher Wucht, dass schon der Gedanke alleine Dächer abdeckt. Da wird mir selbst angst und bange. Angst wiederum beschreibe ich auf so drastische Weise, dass mir selber davon unheimlich wird, ich mich ins Bett flüchte und die Decke über den Kopf ziehe.

Da ich nun wirklich gelegentlich etwas übertreibe, hat dies zur Folge, dass mein Gegenüber nicht mehr Übertreibung von Nichtübertreibung unterscheiden kann. Dann setzt die Stigmatisierung ein und ich werde zum chronischen Übertreiber abgestempelt. Ich gestehe in einigen Fällen meine übertriebenen Ansichten ein und versuche zu relativieren. In einem speziellen Fall jedoch beharre ich darauf, dass meine Beobachtung und Beschreibungen ganz und gar nicht übertrieben sind und ich das Folgende ganz ohne künstlerische Überhöhung berichten kann.

Walkerinnen. Die Begegnung mit einem Rudel walkenden Frauen lässt bei mir stets die Frage aufkommen: Bin ich der einzige Sport treibende Mensch, der nicht VOR seiner sportlichen Aktivität duscht, sondern danach? Habe ich da etwas verwechselt, als ich zu Zeiten meiner hygienischen Menschwerdung die Reihenfolge: Sport – Duschen, und nicht: Duschen – Sport, verinnerlicht habe? Begegnen mir oberhalb Kappelwindeck, auf dem Jägerweg zwischen Klotzberg und Burg Windeck, walkende Frauen, so denke ich an den Betriebsausflug frisch gebadeter und wohlriechender Parfumerie-Verkäuferinnen.

Bei Nordwind kann ich bei meinem Start auf dem Parkplatz der Burg Windeck eine in 3 km Duftlinie startende Walkerinnengruppe drüben am Klotzberg aufspüren. Ich nehme die Fährte auf und weiß, drüben am Klotzberg walken 5 Frauen los. Um es zu präzisieren. Chanel, Bulgari, Joop, Lauder, Lagerfeld. Selbst die reinigende Kraft eines gesunden Forstes, der so manche Schadstoffbelastung zu kompensieren weiß, kann diese Wohlgerüche nicht neutralisieren. Ich betone, dies ist nur bei Nordwind möglich, bzw. bei umgekehrter Laufrichtung bei Südwind.

Nun gab es auch Tage, da schien mir (obwohl eine steife nördliche Brise wehte), dass mich meine Nase im Stich lässt. Ich hatte schon Fährte aufgenommen, wusste, dass dort weit drüben ein walkender Wohlgeruch auf der Strecke war, da nahm ich herben, ja stechenden Männerschweiß wahr. Wie konnte das sein? Gut, man muss immer wieder damit rechnen, dass ein verendetes Wild irgendwo im Gebüsch liegt, doch mitnichten war das an diesem Tage der Fall. Ein in grellem Polyester gehüllter, zudem mir bekannter Mountainbiker, der vom Bühlerstein kommend auf den Jägerweg einbog, begab sich in direkte Duftlinie zwischen Walkerinnen und mir.

Menschen mit so einer sensiblen Spürnase wie ich, sind selten zu finden, sind im Sicherheitsbereich und bei der Drogenfahndung gesucht.

Ich bin mir dieser Gabe bewusst, nutze sie jedoch nur für meine ganz privaten Zwecke. Und hier spreche ich nicht nur den Geruchssinn an, sondern auch die bei mir und vielen Tieren vorhandene Wahrnehmung, Bodenerschütterungen wahrzunehmen. Sei es ein Erdbeben oder eine Windhose, die ich schon im Herannahen erspüre.

Ich führe hier insbesondere Schlangen und Eidechsen an. Auch Vögel nehmen Erschütterungen schon aus größerer Entfernung wahr.

Für mich darf ich behaupten, dass ich neben meiner olfaktorischen Wahrnehmung ebenso haptisch erspüre, wenn sich ein Rudel Walkerinnen auf die Strecke begibt. Nehme ich diese extrem schwachen Erschütterungen der Erdoberfläche auf, beobachte ich das Verhalten von Insekten am Wegesrand, von Vögeln und Großwild. Plötzlich durchs Unterholz preschende Wildschweine, fliehende Vögel oder Insekten, die flugs in ihre Erdlöcher verschwinden, belegen meine Wahrnehmung. Das walkende Rudel ist bereits auf seinem Wildwechsel unterwegs.

Ich möchte betonen, dass ich durchaus ein Freund wohlriechender, ja verführerisch duftender Damen bin. Ich kann es genießen. Zu gegebener Zeit, am entsprechenden Ort. Und in einer Dosierung, die ich körperlich wie seelisch verkraften kann. Mehrere Duftnoten gleichzeitig überfordern mich. Ebenso, wenn Düfte an Orten auftreten, die für mich keine Notwendigkeit von Beduftung erfordern. Wälder zum Beispiel. Zudem gerate ich in eine Art Duftzwang, treten wohl- und übelriechende Düfte gemeinsam auf. Parfum und Schweiß, altes Fritten-Fett und Rosmarin, Käsefüße und frischer Wäscheduft.

Darüber hinaus habe ich beim Sport eine sehr hohe Atemfrequenz, wodurch beim Zusammentreffen mit Walkerinnen große Duftmengen sich in meinen Lungen ausbreiten. Ich habe bisher keine Studie gelesen, wie sich dieses multiple Duft-Gemisch gesundheitlich auswirkt. Offen gesagt, will ich es auch gar nicht genau wissen.

Aus all diesen Gründen verhalte ich mich im Ernstfall wie folgt: Durchbricht die auflaufende Frauengruppe die 10-Meter-Marke zwischen ihnen und mir, so breche ich meinen Lauf abrupt ab. Ich verharre (Vergleiche Gottesanbeterin bei Gefahr!), atme kräftig weiter, bis die Gruppe sich auf ca. 2 Meter genähert hat. Dann halte ich die Luft an, zähle langsam auf 100, um die in den

Luftwirbeln aktivierten chemischen Duftpartikel nicht einzuatmen. Sodann nehme ich die Atmung wieder auf und setze meinen Lauf fort.

Liebe Leser, Patrick Süskind wird Ihnen bekannt sein. Eventuell auch sein Roman „Das Parfum." Selten habe ich über die Wirkung von Düften in so spannender Aufarbeitung gelesen. Dabei ist mir zur Gewissheit geworden, dass die Wirkung von Düften unser Sein in einem Umfang bestimmt, dessen wir uns nur annähernd bewusst werden können.

Vielleicht erinnern Sie sich an die letzte Szene des Buches. Wild kopulierende Menschenhaufen auf einem öffentlichen Platz, willenlos gemacht und zu animalischer Entladung getrieben. Allein durch den extrahierten Duft einer Frau. Dagegen liest sich meine Geschichte recht bescheiden.

Nun ist es gut für heute, genug bewegt. Wie alle Abende geh' ich meine Runde, stehe oberhalb vom Friedhof und blicke hinüber, dorthin wo wir heute früh gestartet sind. In Straßburg. Im Abendlicht stehen die eineinhalb Türme des Münsters im Südwesten. Dahinter die Vogesen, dem Schwarzwald gegenüber. Bruder, Schwester, Nichten, Neffen, wie man will. Auf jeden Fall Verwandtschaft. Gebirgsverwandtschaft. Und oben auf dem Südelsass der Grand Ballon, die Baskenmütze der Vogesen. Zwischen Berg und Himmel ein Vogelschwarm. Ich warte bis er überm Straßburger Münster hinweg gezogen ist, um später weit im Süden durch die Burgundische Pforte zu fliegen. Dem Meer entgegen.

Dann gehe ich weiter, bewege mich leise über den Friedhof, um keinen der Meinen zu wecken. Heut ist mir nicht nach Worten.

Man denkt sich die Friedhöfe als stille Orte, ganz reglos und bewegungsarm, doch kann ich noch so leise durch die schmalen Wege schleichen, einer macht dann immer „Sst!" Dann dreh ich um und suche. Und schon ist da Bewegung hinterm Grablicht und ich höre Stimmen. Einer winkt mich immer her. Auf ein Wort zur Nacht.

Das schönste aller Feste
– zwei Hausschuhe als Gäste!

Aus meinem Spruchbeutel

5
Freitag

Der Festreigen des Jahres beginnt bei uns wie anderswo in der Silvesternacht. Seit 30 Jahren wandern wir in dieser Nacht zur Hornisgrinde. Bei jedem Wetter. Der Mensch braucht Rituale. Traudl und ich insbesondere. Pünktlich nach den ARD-Nachrichten und dem Wetterbericht schnüren wir ohne große Worte die Wanderschuhe und steigen in unseren Diesel. Glühen vor (Baujahr 1960!). Auch wieder eines der zahllosen Rituale. Beide kennen wir das Kommende, und es kommt stets genauso wie in den vergangenen Jahren.

Über Bühlertal und Neusatzeck fahren wir unterhalb vom Ommerskopf hinauf zur B 500. Beim Parkplatz der Unterstmatt gehen wir los und „eh' lang vergeht" stehen wir beim Schindelhaus der Fernmelder oben auf der Grinde. Dann fliegt mir ohne großes Zutun der Gedanke an den TV-Sketch „Dinner for one" zu. Liegt es an der stets gleichen Besetzung? Traudl und ich, das Drehbuch nie geändert. Warum auch? Der Mensch braucht Rituale.

Wortlos stehen wir und staunen in die Nacht. Das rituelle Vorglühen mit unseren Augen. Dann sage ich beim Blick in die Ebene, und dieser Satz hat sich in 30 Jahr kaum verändert: „Traudl, eh' lang vergeht, geh'n da unte die Lichter aus!" Darüber denkt meine Traudl ungefähr 10 Minuten nach. Dann sagt sie: „Ja, eh' lang vergeht geh'n da unte die Lichter aus."

Das wäre gesagt und jeder denkt für sich über das Thema Energiewende nach. Seit 30 Jahren tun wir das. Wir haben es kommen sehen. Ich will uns nicht als erleuchtet bezeichnen, aber hell genug sind wir doch, um diese Ansicht zu äußern.

Schon lange vor dem Jahreswechsel gehen die ersten Raketen in die Luft, was ich ebenso seit unserer ersten Silvesternacht hier oben kommentiere: „Die könnes au net verhebe." Worauf Traudl erwidert: „Eh' lang vergeht hämer's Feuerwerk schon an Allerheilige." Dazu sag' ich seit 30 Jahr nichts. Dazu ist von Traudl alles gesagt. 10 Minuten vor dem Jahreswechsel entkorke ich unseren Mirabell. Es ist die Originalflasche, die ich 1988 vom Schuhmacher zum Geburtstag bekommen habe. Davon trinken wir aufs neue Jahr ein Tässchen.

Dann geht so langsam unten im Tal das Geballere und die Schießerei los, was uns unisono zu der immer gleichen Bemerkung veranlasst: „Des müsst ja eigentlich net sei." Sobald wir kalte Füße bekommen, sage ich: „Traudl, eh lang vergeht steh'n mir wieder hier obe!" Und sie sagt dann seit 1988 den Satz: „Jaja, der Mensch braucht Rituale. Eh' lang vergeht isch's Jahr um."

Der Rückweg von der nächtlichen Grinde führt uns auf steinigem Weg Richtung Ochsenstall, wo wir so manches Jahr mit heftigen Schneewehen zu kämpfen hatten, was meine schwer schnaufende Traudl zu der Bemerkung veranlasst: „Eh' lang vergeht sin mir zu alt für so a alpines Gelände!" Während wir uns schweigend den überaus steilen Ochsenstall hinuntertasten, gehen meine Gedanken zurück in die Zeit, in der ich hier oben meine ersten Schwünge in die pulvrigen Hänge gelegt habe und allzu oft mich dazu.

Heute zieh' ich es vor, auf Langlauf-Skiern durch den Wald zu laufen und das Waghalsige den andern zu überlassen. Doch auch sie brauchen, um das Wintervergnügen schadlos zu überstehen, ihre Rituale. Und wer beizeiten

Apres-Skigymnastik

nicht zur Genüge gedehnt, gestretcht und gebeugt hat, der möge die Wintersportarena lieber von der Ofenbank aus betrachten. Es gilt das Jahr über skigymnastisch am eigenen Sportapparat zu arbeiten, was eingerostet ist zu lockern, und was steif geworden ist zu erweichen.

Spreizkantiges Füßeln der Beingestelle und rumpfiges Hüften gehört hier genauso zum Standardprogramm wie bauchfaltiges Strecksitzen. Orthopädisch empfohlenes Aufbeinen, Ausbeinen und Entbeinen soll dem Wedelgestänge die nötige Dynamik verleihen und für Stabilität der Schwung- und Riemenbänder sorgen. Snowboarder (Badisch: Einbrettfahrer), die aus modischem Minimalismus heraus das Tragen eines zweiten Skis ablehnen (meist des linken), sei zu empfehlen, sich auf die Beinarbeit zu konzentrieren (da sie eh' meist die Stöcke im Auto vergessen) und auf dem am Teppichboden festgeklebten Brett durch rudernde Flugbewegungen der oberen Extremitäten vom Pendel- zum Flugmodus zu finden. Dergestalt präpariert dürfte das Vergnügen den Weg in die Skiarenen unseres Nordschwarzwaldes finden, wo jedoch leider viel zu oft Wunsch und Wirklichkeit auseinander klaffen, denn kaum sind die Pisten präpariert, hat ein Zwischentief alles weggrasiert.

Traudl und ich sind nicht enttäuscht, wenn uns beim Abstieg statt der Schneewehen frühlingshafte Winde entgegen wehen. Dann sind wir etwas zeitiger beim Parkplatz Unterstmatt, und das neue Jahr, mit seinen vielen Festen und Feiern, nimmt seinen Lauf.

Übergänge sind schwierig. Wer weiß das nicht. Der Übergang vom alten Jahr in das folgende im Besonderen. Hier verschieben sich Raum, Zeit und Verdauung in ungewohntem Maße. Es herrscht verwirrende und logistisch schwer zu bewältigende Feiertagsabfolge. Und kaum schließt der Weihnachtszirkus seine Pforten, wollen die Silvesterfeierlichkeiten vorbereitet werden. Ist das neue Jahr dann da, glaubt man sich in Sicherheit. Aber die Steuerforderung aus dem Altjahr sitzt einem im Genick. Gerade stellt man eine Liste der guten Vorsätze zusammen, klopfen die vergessenen des alten Jahres an die Tür und wollen eingelassen und realisiert werden. Man möchte einen Schnitt machen, findet aber kein Messer. Man möchte vergessen, wird aber immer wieder erinnert an all das, was unerledigt im vergangenen Jahr zurückgeblieben ist. Seit Jahren will man den Keller aufräumen, aber das wird dann doch wieder verschoben. Die Übergangzeit böte eine Chance, das neue Jahr geordnet, ja jungfräulich zu beginnen. Aber nein. Drängende Altlasten stehen vor den Toren der Übergangszeit wie quengelnde Kinder. Die Übergangzeit wird zum Verschiebebahnhof. Mit den Füßen noch im alten Jahr, mit der Nase schon im neuen. Man möchte flüchten, aber wie eine Klette hängt das Unerledigte an uns und lässt sich auch durch Feuerwerksknallerei nicht vertreiben. So bleibt uns nur, mit großem Gleichmut all das ins Neue Jahr zu tragen, was wir schon durch die vergangenen Jahre geschleppt haben. Aber gemach. Im Neuen Jahr wird alles ganz anders und viel, viel besser. Und der Keller wird auch aufgeräumt. Spätestens übernächstes Jahr.

Zwischen Garage und Haustüre bekommen wir an diesem Neujahrsmorgen das erste „Gut's Neu's!" zugewünscht. Es ist ein schwankender Spätheimkehrer von der Silvesterparty.

Beim letzten Neujahrstag hatte ich bis zum Mittag letztendlich 27 Neujahrswünsche auf dem Konto. Übertroffen wurde dies nur vom Weihnachtswunsch, der die jährliche Hitparade der feierlichen Anwünschungen unangefochten anführt. Da wurde mir 56 mal „Schöneweihnachde!" gewünscht, einmal sogar gesungen und 23 mal in schriftlicher Form dargebracht.

„Narri-Narro" kann auch ein Wunsch sein, ist aber in der Regel eine Zustandsbeschreibung des Ausrufenden. Würde ich diesen närrischen Lustschrei den Wünschen zugesellen, würde der Weihnachtswunsch abgeschlagen auf Platz zwei landen.

Zu den feiertäglichen Anwünschungen sei auch der Muttertag zu zählen mit einem beherzten „Bleibso!" Der Valentinstag mit einem blumigen „Do hasch!" sowie der Weltspartag mit einem kräftigen „Zinszins".

Das tägliche „Mahlzeit!" oder wie man hier zu Land ausruft: „En Guder!", zählt nicht zu den feiertäglichen Anwünschungen und ist zudem statistisch nicht zu erfassen, da es je nach Anzahl der Mitesser bis zu 250 mal bei einem Essen ausgesprochen wird. Ebenso die Anwünschungen der guten Tageszeit „Gudemorge" bis hin zu „Gudnacht" sind nicht fassbar. Gemein haben alle Wünsche diesen unverzichtbaren Automatismus, der ihre Verlautbarung auslöst. Man muss nicht groß nachdenken. Der Wunsch ist auf Abruf und zielt bei Erreichen des kalendarischen Zeitpunktes von ganz alleine auf den zu Bewünschenden, der, sobald er in Hörnähe ist, bewünscht wird und umgehend zurück wünscht. In abgelegenen badischen Landesteilen spricht man heut noch von der altertümlichen „Verwünschung."

Die ersten drei Monate des Jahres sind für Traudl, Schorschi und mich eine von Festen und Feiern geschwängerte Zeit. Der überwiegende Teil unseres Freundes- und Bekanntenkreis feiert in dieser Zeit sein Wiegenfest. Sicherlich wäre es angenehmer, dieser Feiermarathon würde sich über das Jahr verteilen, aber anscheinend ist es in unseren Kreisen üblich, die Wonnemonate zu nutzen, um den Nachwuchs zu erzeugen. Die Tage des Feierns sind, genau wie wir das von Silvester kennen, mit einer rituellen Vorlaufzeit versehen. Wir spüren die seismographischen Wellen des kommenden Jubelfestes schon 12 Stunden vorher. Auch wenn eine gewisse nervöse Gereiztheit wie eine Gewitterwolke über unserer Familie liegt, so versuche ich doch, meine Alltäglichkeiten wie jeden Tag zu erledigen. Normalität!

Mit einem ausgedehnten Leseritual meiner Tageszeitung starte ich in den Tag. Steige über die Todesanzeigen ein, gehe dann zu den Hochzeitsanzeigen über. Erst dann werfe ich einen Blick auf das Welt- und Kommunalgeschehen. Bei den hoffnungsfroh lächelnden Gesichtern der Brautpaare finde ich Erbauung, Zuversicht und eine ferne Freude, abseits des derzeit elend anmutenden Weltgeschehens. Hier lese ich Worte liebevoller Zweisamkeit mit philosophischer Dimension: „Liebe bedeutet Vertrauen, sich ohne Worte zu verstehen."

Erst jetzt, als ich diese Zeilen schreibe, bemerke ich die Wärme an meinem Rücken, das Heben und Senken von Traudls Bauch. Ein leichter Hauch von Daunenmief und Menschen-Muff umweht meine Nase. Traudl steht mir wohl schon seit einigen Minuten im Rücken und liest, dann hat sie mich am rechten Ohr. „Jetzt weiß ich auch, dass es sich um ein liebevolles Ritual handelt, wenn du stundenlang nix sagsch...mich auch ohne Worte verstehsch!" Ich bemerke den kritischen Unterton. Im unteren rechten Ohrläppchen.

Sich ohne Worte zu verstehen heißt bei Traudl: „Herrgott, jetz' sag doch du auch mol was!" – „Wieso? Mar kann sich auch ohne Worte verstehn. Steht in der Zeitung."

Dass aus „Ich und Du ein Wir" wird, wie es in vielen dieser öffentlichen Hochzeitsankündigungen bzw. Hochzeitsandrohungen steht, habe ich immer schon vermutet. Spätestens dann wird es zur Gewissheit, wenn Traudl sagt: „Mir geh'n morge zum Opa seinem 90.". Gewöhnlich erwidere ich bei solchen Ankündigungen: „Mir? Also ich net! Du meinsch du gehsch. Ich bleib im Nescht liege. Unser Opa isch nämlich deiner. Und ich bin mir mit mir einig, dass du allein geh'n kannsch und mich entschuldige. Sagsch einfach: Meinem Mann isch net gut! Mir wollte erst garnet komme, aber jetzt sin mir halt doch do. Also ich!"

Was darauf folgt ist ein Hin und Her von Wiederholungen aus Jahrzehnten unseres Ehelebens. Alsbald verziehe ich mich in die hinteren Stellungen des Schweigens und schwenke die weiße Fahne.

Ich weiß um die ernste Wichtigkeit solcher runden Geburtstage im oberen Lebensdrittel, und deswegen raffe ich mich auf und begleite Traudl. Zudem kann ich mich leidvoll erinnern wie es zuging, als sie ihren 50. feierte und wir uns von Verwandten (die wir seither nur als „selle aus Unzhurst" bezeichnen) anhören mussten:

„Sorry, aber mir sin an dem Obend bei'me 60-er." Dies war die erste Absage auf unsere Einladung zu Traudls Fest. Die nächste Absage kam umgehend. „Echt schad, aber mir sin aufeme 70-er." Naja, ist kein Beinbruch, wir haben genug Gäste eingeladen in der Annahme, dass einige nicht kommen können. Die nächste Absage kam aufgrund eines 50-er, zwei weitere wegen eines 80-er und auch zwei herzliche Menschen, die wir schon lange nicht mehr gesehen hatten, mussten absagen wegen eines 90-er. Traudl solle nicht böse sein. All jene versprachen, ganz sicher zum nächsten Runden, also dem 60-er zu kommen.

50-er sind so ziemlich der heftigste Jubelkracher im Leben eines Menschen. Der 60-er wird gern groß gefeiert, weil schon ein wenig die Angst mitschwingt, es könnte lang werden bis zum 70-er, der im Übrigen bei uns

Ohne Worte

ganz groß gefeiert wird, weil 70 zu schaffen ist ja nicht so ganz ohne. Viele Jubilare schieben noch den 75-er dazwischen. Meist legt man die runden/halbrunden Geburtstage ab dem 75-er zusammen und feiert mit dem Partner den 150-er, den 160-er oder den 180-er beziehungsweise den 220-er usw.

Wie ich nun die allmählich mehr und mehr schrumpfende Gästeliste meiner Traudl überfliege, bimmelt mein Telefon und meine Tante brüllt in den Hörer: „Jörg, sorry, ich kann net komme zu Traudls 50-er. Ich muss Kuche backe. Weisch ja, ich hab am Samstag meinen 70-er. Ich hoff' du haschen net vergesse." – „Jesses Gisela, schon widder en Runder. Du hasch doch erst kürzlich deinen 60-er g'feiert."

Damit hatte ich mir Luft verschafft, mir eine Ausrede zu überlegen. Also hab ich ebenso laut ins Telefon gebrüllt: „Ich wünsch' dir alles Gute, aber mir könne net komme, mir sin an dem Tag beime 100-er eing'lade."- „Ja schad, Jörg, da kamer nix mache. Gege en 100-er isch mein 70-er ja gar nix!"

50 ist erst mal eine Zahl, eine Nummer, eine Mengenangabe. „Fuffzig" hingegen ist ein Reifegrad. Das wird man nicht gerade so, wie man eben mal 50 wird. Nicht jeder, der 50 Jahre alt wird, ist auch „fuffzig." Ich kenne viele reife Individuen, die mit 38 Jahren schon „fuffzig" sind und so mancher 86Jährige kommt wie ein „Fuffziger" daher. Und nebenbei sei bemerkt, dass der falsche „Fuffziger" in Wirklichkeit ein stinknormaler 50-er ist, das weiß inzwischen jeder.

Und wieder ist es die sich über Jahrhunderte geformte Sprache der Region, die dem Kind den richtigen Namen gegeben hat. Im Kleinen, Feinen liegt eben der Unterschied und diese Differenzierung kann oft nur der Dialekt leisten. Bis hin zu den ganz reifen Menschen, die nicht nur „fuffzig" sind, sondern gar „fufffzig". Wie so oft sind die Qualitäten nach oben offen und so schaffen es einige Badener sogar zum doppelten Reifegrad. Also zweimal „fuffffzig". Und das gibt ja bekanntlich 100. Nur sind sie natürlich nicht 100 Jahre alt, sondern „hunnerd!" Und mehr geht wirklich nicht.

Bevor es zum Ausbruch eines, zu welchem Anlass auch immer, feiernden Ereignisses kommt, sind langwierige (in Einzelfällen Jahre) Vorbereitungen zu treffen. Gemäß sinniger Sprüche wie „Essen und Trinken hält Leib und Seele zusammen!" ist man seitens der Gastgeber stets bemüht, durch entsprechende Speisen und Getränke die Einheit von Leib und Seele nicht zu zerrütten, was so gut wie nie gelingt, denn die tradierte Wichtigkeit der Nahrungsaufnahme in möglichst hohen Dosen sowie der Konsum vorwiegend alkoholischer Getränke führt dazu, dass die Leibesfrucht vorzeitig reift (Fallobst) und der Seelenfrieden durch Hochprozenter (Händelstifter) aus dem Gleichgewicht gerät.

Bis vor wenigen Jahrzehnten schien es so, als sei man dieser Tradition hilflos ausgesetzt und müsse sich auf alle Zeiten diesen abendlichen Megaverköstigungen wehrlos hingeben, bis man sich des in der Versenkung ruhenden, rustikalen Gabelfrühstücks erinnerte, dem sogenannten „Bräck-Fescht." Die auf das germanische „Kaffee-Vesper" zurückgehende Morgenspeisung. In der kulinarischen Zusammenfügung mit dem „Lantsch" (Germanisch: „Großes Essen") kam es dann zum Ende des 20. Jahrhunderts zum „Brantsch".

Ein Kofferwort bzw. ein Badisches Rucksackwort, sozusagen die Amalgamierung zum Schachtelwort. „Brantsch" ist als geselliger Mast-Event zu definieren, der (unter Zufütterung frühstücksferner Speisen und Getränke) bis in die späten Abendstunden hinüber gezogen werden kann. Dort angekommen, muss dieses Spektakel nicht zwangsläufig auf den Nachhauseweg führen, denn Badische Extrem-Brantscher verbringen ganze Wochenenden am Tisch, nicken für Momente über dampfendem Rührei ein, um dann gestärkt in die kommende Woche hinüber zu brantschen. Die ursprüngliche Absicht der Gastgeber, ein zeitlich begrenztes Fest zu feiern, lässt sich, wie zuvor beschrieben, meist nicht realisieren. Dass der kulinarisch verarmte Engländer, der Worträuberei allenthalben bekannt, sich dieses Begriffes („Brantsch") schamlos bedient hat, ist eine Fußnote der Kulinarik.

Die Dichte der zu Jahresbeginn auftretenden Festivitäten ist in Traudls und meinem Umfeld zu manchen Jahren so enorm, dass es logistisch zu einer großen Herausforderung wird. Zumal runde Geburtstage in entlegenen Regionen von Baden mehrtägig angelegt werden müssen.

Glücklicherweise fällt diese Festphase zusammen mit der Fastenzeit. So können einige Termine dem Glaubersalz zum Opfer fallen. Hatten wir gedacht...

Traudl und ich hatten über Jahre hin zwischen Fastnacht und Ostern gefastet. Eintreffende Einladungen wurden in dieser Zeit abgesagt. Aus verständlichen Gründen. Dies wurde uns insofern zum Verhängnis, als dass viele unserer gesundheitsbewussten Freunde und Verwandten ebenso fasteten. Auch sie hatten das Glaubersalz schon genüsslich angerührt und die entschlackenden Reinigungsprozesse in Gang gesetzt. Die Einlaufapparaturen nebst meterlangen Schlauchleitungen installiert und die schonenden Suppen vorgekocht. Jedoch nicht, wie wir glaubten, mit der Absicht, in Ruhe und Askese sich der Körperinspektion hinzugeben, also alles beiseite zu lassen, was die Nerven anspannt und der Seele den Gleichklang raubt. Mitnichten. Dieser Schuss ging nach hinten los.

Herbert: „Des basst. Mir faschte auch. Also nächste Samstag, Fastenparty zu meinem Fuffzigstem bei uns!" - „Ja subber", rief Traudl ins Telefon. Mir freue uns!"

Traudl konnte dem ja noch etwas abgewinnen, ich hingegen weniger: „Schatz, meinsch ich soll unser'n eigene Irrigator mitnemme?" Da wir schon seit zwei Tagen am Fasten waren und die Entschlackung mittels Irrigator in Betrieb genommen hatten, ich also relativ schwach, war mir der Gedanke an eine Gruppenentschlackung im Badezimmer von Onkel Herbert dann doch zu viel. Das ging so weit, dass ich träumte, wir lägen um ein Monster von Irrigator, aus dem sich mehrere Schlauchleitungen zu den entsprechenden Körperöffnungen schlängelten.

„Traudl, vergiss es!" Ich geh zwar hin, aber ich gratulier' nur, trink' vielleicht e Tass' Tee und dann zieh ich mich wieder in meine Fastenkammer zurück." Wider Erwarten entsprang diesem verwandtschaftlichen Zusammentreffen eine ungeheure Dynamik und eine fast ans Surreale grenzende Komik. Im Wohnzimmer saßen Basenfaster, Heilfaster, Waldkräuterfaster, Bachblüten-Askesen und Saftfaster. Wir setzten uns zu den Basenfastern, da diese dem Augenschein nach wenigstens ein klein wenig unter ihrem Fasten litten. Alle andern waren in einer heiteren Grundstimmung, die man gewöhnlich nur von alkoholintensiven runden Geburtstagen kennt.
Wir hatten eine Zitronensaftlerin am Tisch, die sich bis Ostern nur mit Zitronenbrühe über Wasser halten wollte. Sodann eine Anhängerin des Indischen Luftfastens, einer Spezies, die aus der Umluft die lebenserhaltenden Duftnoten zu extrahieren und die nährenden wie heilenden Bestandteile herauszufiltern wusste. Gemein hatten alle die frohe und gelassene Fasten-Stimmung. Mehr noch. Es schien, dass nach Abführung von Schlacke die anwesenden Körper in gelöster Verzückung verharrten und in urbaner Vitalität erstrahlten.

Nachdem diese Zeilen niedergeschrieben sind, habe ich das Gefühl, dem Leser wieder handfeste, ja gewohnte Kost anzubieten. Ursprünglich wäre, meinem Konzept entsprechend, in diesem Kapitel nun der Muttertag an der Reihe, jedoch rät mir Traudl, die ich zur Beratung in der Küche aufsuche, ab. „Muttertag auf Fasten, Schatz, des kannsch net mache! Deine Leser werde ja sonst depressiv!"
Ich spüre, und dieses Gefühl ist mir sehr bekannt, das Herannahen einer Schreibkrise. In solchen verzwickten Situationen fahre ich gewöhnlich meinen PC herunter, schalte den Anrufbeantworter an und lade meine Traudl zu einem Sautag ein.
Sautage gehören zu den höchsten Feiertagen des Homo Badensis. Nicht zu verwechseln mit Hundstagen. Sautage sind Genusstage. Da wird nicht nur die Sau rausgelassen, sondern auch geschlachtet. Da wird das Glas nicht halb, sondern ganz gefüllt und in einem Zug geleert. An Sautagen sind die Gedanken unrein,

Fasten in Vollendung

der Körper begierig, der Geist willig. Der Sautag riecht nach Zimt und Nelken, Holzofenbrot, Knoblauch und Schmalzkringel. Die Gewänder sind luftig und die Blicke verführerisch. Stunde um Stunde lasse ich keine Schweinerei aus. Süßes, Salziges, Würziges. Privatsender, Kochsendungen, Mittagsschlaf. Am Nachmittag sitz ich mit Traudl am Johannesplatz, wir rauchen eine marokkanische Zigarette und trinken nach dem Kaffee einen Campari. Hernach führe ich meine Traudl aus. Wir schlendern durch die Lichtentaler Allee in Baden-Baden, ich kaufe ihr irgendeinen Chichi, und dann fahren wir mit dem Taxi nach Hause. Wie alles von erhabener Größe, braucht der Sautag einen Höhepunkt. Bei dramaturgisch gut aufgestellten Völkern wie uns Badenern ist das Finale immer ein rauschendes Fest. Da gibt's dann ein Feuerwerk und dazu wird vom Sinfonieorchester Beethoven gegeigt. Unser Sautag endet bei Kerzenschein im Himmelbett und ich spiele Traudl ein paar Stückchen auf der Mundharmonika vor.

Den folgenden Morgen beginnen wir mit Yoga. Mit der einbeinigen Tempeltänzerin betreten wir den Tag. Luftbäder kühlen die durch den Sautag verursachten Schrammen. Korn, Schrot und Bibbeleskäs geben uns neue Kraft.

Traudl schlägt vor, nach dem Sautag, den Muttertag folgen zu lassen. „Ich weiß net so recht, Traudl...", entgegne ich, weil mir die thematische Nähe nicht ersichtlich ist und ich von meiner Sozialisation so gestrickt bin, dass die Mutter nach dem Herrgott dasjenige Wesen ist, das mit größtem Respekt zu sehen, zu behandeln und zu beschreiben ist. Auch wenn ich die Mutterrolle im Laufe meiner beruflichen Tätigkeit kritisch bis neckend hinterfragt habe, so bleibt mir doch nicht ersichtlich, wieso Traudl diese Abfolge vorschlägt. Aber wohin mit dem Muttertag? Auf keinen Fall in die Nähe von Weihnachten. Das wird mir dann doch zu viel, denn Muttertag ist, mit Verlaub gesagt, die merkwürdigste Familienveranstaltung des Jahres, obliegt sie doch einer unnatürlichen Zwanghaftigkeit.

Die Mutter muss, ob sie will oder nicht, morgens im Bett bleiben. Nicht weil sie krank ist, sondern weil Muttertag ist. Wie lange sie dort verharren muss, hängt davon ab, wie lange der Vater und die Kinder benötigen, einen Tisch mit eindeutig erkennbaren Frühstücks-Utensilien und frühstückstypischen Speisen und Getränken zu bedecken, sodass er von der Mutter auf Anhieb als solcher wahrgenommen wird. Gelingt dieser Vorgang, wird die Mutter mit Liedern (meist Coverversionen von Mutters Lieblingsoldies, zum Beispiel „Sympathy for the devil" von den Rolling Stones) besungen. Meist wird es später Vormittag, bis zu dem die Mutter im Bett bleiben muss. Es braucht eben seine Zeit, bis die Kinder und der Vater hinter das Geheimnis einer Kaffeemaschine kommen oder feststellen, dass der Bäcker auch am Muttertag gegen 12 Uhr den Laden schließt und ein Ei zwar drei Minuten braucht, aber 4 Eier nicht 12 Minuten.

Traudl trommelt hinter mir stehend mit ihren Fingern auf meiner Schulter, was ich zu interpretieren weiß. Ich betrete gerade ein Terrain, auf dem wir ganz unterschiedlich zu Hause sind. Traudl zieht mich am rechten Ohr!

Sie spricht bezüglich von Müttern gerne von Multifunktionalistinnen. Wer kann schon, während der Käsekuchen in der Backröhre wächst, 2 Buben zu 3 verschiedenen Fußballvereinen kutschieren, die Tochter zur Musikschule bringen, den Hund zum Tierarzt und unterwegs noch einkaufen. Anschließend beim Betreten des Treppenhauses am Geruch erkennen, dass der Kuchen nicht mehr als 10 Sekunden verträgt, sodann mit der Kondition eines 100 Meterläufers die Treppe (mit zwei Einkaufstaschen in den Händen) hochsprinten, um das Ofenrohr aufzureißen. Damit dies möglich ist, so argumentiert Traudl, treiben Frauen Sport, machen Yoga oder quälen sich auf Hometrainern. So gesehen, seien Mütter schlichtweg tolle Kerle.

Ich kann dem zustimmen, sehe aber immer mehr Männer, die in der Lage sind, ebenso multifunktional zu sein. Allerdings muss ich eingestehen, dass ich Traudls Käsekuchen dem meinen vorziehe.

Traudl hat ihr Trommeln auf meinen Schultern eingestellt und sich auf den Hometrainer verabschiedet.

Nicht nur am Muttertag wurde in meinem Elternhaus gesungen. Zu allen Anlässen wurden Liederbücher verteilt, die Quetschkommode umgeschnallt und die Gitarre von der Wand genommen. Mutter sang in mehreren Chören. Gospelchor, Elternchor, Gewerkschaftschor und Kirchenchor, wobei sie zu den tonangebenden Stimmen des evangelischen als auch des katholischen Frauenchores zählte. Der Sonntagmorgen gehörte dem Kirchenchor. Aber welchem? Diese Frage stellte sich für Mutter oft, weil beide Konfessionen ihre Gottesdienste mit Sang und Klang bereichern wollten. Da war Mutter in der Zwickmühle, da sie, wie gesagt, zu den führenden Stimmen gehörte. Wäre sie noch unter uns, würde sie heut bestimmt in einem konfessionsübergreifenden Chor singen. Aus rein organisatorischen Gründen.

Sie hatte das Singen im Blut und dies floss im 4/4 Takt durch ihren Resonanzkörper. Meine Mutter klang. Mal piano, mal forte. Unterhaltungen begannen, wie bei allen anderen Müttern auch, mit Sprechen. Dies ging sodann, je nach gefühlsmäßigem Engagement, mal crescendo, mal diminuendo, ins Singen über. Haben meine Freunde im Alter von 16 oder 17 Jahren ein Deep Purple-Konzert besucht, so begleitete ich meine Mutter zum Udo Jürgens-Konzert in der Europahalle in Karlsruhe. Auch der Heimweg wurde singend zurückgelegt. Zur Freude der Straßenbahn-Fahrgäste. Ich hingegen träumte von Deep Purple, denn mit 17 hat man noch Träume.

Genauso liebte Mutter das Tanzen, was dem Singen bekanntermaßen nahe steht, denn Tanzen ist Singen mit den Beinen. Mutter liebte beides, und so war der familiäre Sonntagsspaziergang von spontanen Hopsern, Drehern und Wiegeschritten durchzogen. Vater nahm dies mit Gelassenheit. Er lief zwei Kilometer voneweg.

Vermutlich habe ich mich, durch die Liebe meiner Mutter zum Tanz, viele Jahre später mit Traudl auf dem Tanzparkett wiedergefunden.

Dort haben wir, nachdem wir die lateinamerikanischen Standardtänze hinter uns gelassen hatten, zum „Badischen Cha-Cha-Cha" gefunden, einer nur in unserer Region getanzten Variante des lateinamerikanischen Urtanzes. Genau wie das Kartenspiel „Zego" hier seine Heimat hat, wird der „Badische Cha-Cha-Cha" bei Festen und Feiern zwischen Rhein und Reben getanzt.

Ich kann Ihnen nur schwer beschreiben, wie er sich tanzt. Es ist eine Aneinanderreihung hochkomplexer Bewegungsabfolgen, die unser Tanzlehrer mit folgenden Worten beschrieben hat:

Die Damen und Herren bitte in Stellung gehen – Ärmeln Sie die Beine hoch – Spreizteile leicht gebeint – Knickern Sie Ihre Bocker – das linke Pömps über das rechts außen schlurfende Haferl ziehen und rechtes Pömps eingrätschen – bitte Vorsicht beim kreuzweisen Versenkeln der Schnüre – Bügelfalte läuft parallel zur Laufmasche – Greifteile kräftig anklatschen und Handtasche im Anschlag. Sollten Sie unsere Notrufsäule nutzen, nennen Sie Name, Schuhgröße und Musikstück, bei dem Sie verunglückt sind. So, nun bitte die Tanzpartnerin aufklauben und Grundstellung – bitte die Verarmung entbeinen – die Herren verärmeln die Damen und die Damen pömpsen die Schnallen – beide Tanzpartner mit gegrätschtem Pömps zwischen Haferlinnenseite und geknickten Bockern einsenkeln – Führungsarm der Dame durch die Lasche der Handtasche ziehen und linkes Bein über den geschulterten Führungsarm des Herrn führen – ganz toll. Immer dran denken, beim Tanzen eine Gasse für die Räumfahrzeuge freihalten – ja, das klappt schon ganz gut. Die Damen helfen den Herren aus der Handtasche heraus und versorgen ihren Partner ambulant. Bitte Aufstellung zum Finale – das gebockte Haferl senkt parallel zur Laufmasche, pömpst über dem Beckenboden der Handtasche und trifft auf die geknickte Innenseite der spreizenden Schlurfteile. Die Herren der Erschöpfung bitte die Damen gefühlvoll aufbockern, abknickern und abwerfen – die Damen drehen Süd-Südost ab, überfliegen die Stereoanlage, Bodenpersonal bitte weitertanzen. Damen aufsammeln, sortieren und neu arrangieren – Dankeschön. Die überlebenden Haferlbocker, Schlurfpömpser und Senkspreizler treffen sich nächste Woche wieder, wenn es heißt: Bitte die Damen und Herren in Stellung gehen!

Ohne Worte

Nun bin ich abgekommen von meinem ursprünglichen Ansinnen, über den Muttertag zu schreiben. So ist das mit Erinnerungen: Wenn sie einem im Griff haben, lassen sie nur schwer wieder los.

Muttertage werden gewöhnlich im kleinen Familienkreis abgehalten. Nur selten, bei Familien mit höherer Fruchtfolge, feiert man diesen Tag in einer angemieteten Gemeinde-, Sport- oder Industriehalle. Wohl ist es der ganz besondere Charme, in einer staubigen Fabrikations- oder Lagerhalle, in der das Wort „Arbeit" über allem schwebt, einen Muttertag (vielleicht im Kollektiv mit anderen Müttern) zu feiern. Und wer denkt bei dem Wort „Arbeit" nicht an das Wort „Mutter."

Auch all die anderen Feiern und Feste, das gesellige Miteinander und unsere Freizeit sind ohne eine zünftige Hallenkultur hierzulande undenkbar. Wer etwas Größeres zu feiern hat oder mit dem ganzen Dorf feiern will, der geht „in d' Hall." Die Fastnachter vorneweg, dann folgen die Vereine mit ihren Jubiläen, Weihnachtsfeiern und Konzerte. Dazu kommen Hallenflohmärkte, Hallenbrettelsmärkte und Hallenweihnachtsmärkte. Beliebt sind auch Gottesdienste, Oktoberfeste und Hochzeiten in Hallen. Kanarienvögel werden ausgestellt in Hallen, Kunst und Gerümpel. So braucht jeder noch so kleine Ortsteil seine Halle, wo er auch mal eine Mähdrescherausstellung abhalten kann. So ist das eben, das Volk braucht Raum, wenn es sich zu wahrer Größe aufblasen will, zu Ausgelassenheit, sportlichem Höhenflug, genauso wie zu Onkel Herberts 90. Geburtstag. Die Pharaonen hatten ihre Pyramiden, die Griechen ihre Tempel und die Badener ihre Hallen. Wir brauchen die Hallen, weil diese Räume das Draußen nach Drinnen holen. Das Klima überlisten, den Hintern warm halten und die Frisur von störenden Winden verschonen. Große Hallen heißen Arenen, sind göttliche Hallen, wo die Göttlichsten der Unterhaltungsgötter thronen und die Menschen wie zu Verkündigungen pilgern. Diese Hallenunterhaltung hallt bis in die Wohnzimmer, wo Millionen von Fernsehzuschauern aus der Ferne mithallen und lallen. Mehr geht nicht an Größe, Quote und Begeisterung. Nur die himmlischen Hallen bringen höhere Einschaltquoten, denn an ihnen kommt keiner vorbei.

„Gell Schatz, vergesches net, mir sin heut Abend in de Hall!"
Diesen Satz höre ich immer mal wieder von meiner Traudl zu gegebenen Anlässen. Vermag ich es nicht aufgrund wichtiger Termine, Krankheit oder heftiger Klimabeeinträchtigung, mich solchen Veranstaltungen zu entziehen, so gilt es, diesen Abend irgendwie zu überstehen. Ich muss dann Hintern an Hintern auf menschenunwürdigen Holzbänken sitzen, meist zieht es mir an den Buckel und an Unterhaltung ist nicht zu denken, weil es mir zu laut ist in der Halle. Einfacher gesagt: Es hallt.

Pallettenmöbel

Ich fühle mich, was Feste angeht, eher der kleinen Form zugehörig. Dem Hock. Vom Speckeierhock bis zum Vatertagshock liebe ich diese im Freien stattfindenden, überschaubaren Hockereien.

Schon dieses Wort ist von solch schlichter Aufforderung, bescheidenem Anspruch und improvisierter Heiterkeit. Ein Hock ist verbunden mit einfachen Getränken, Speisen und musikalischen Angeboten der kleinen Formation. Er ist einer gewissen Tradition verbunden, einem festen Gefüge des festgeneigten Bevölkerungsanteiles. Veränderungen der Hock-Ordnung sind nur in sehr geringem Ausmaß zu erwarten, beispielsweise Sauerbraten statt Bratwurst. Zumindest hatte ich dies über Jahre so gesehen, bis wir im vergangenen Sommer zu einem Hock eingeladen waren, auf dem nun wirklich das Gewohnte neu und frech aufgemischt wurde.

Hatten wir erwartet, dort die klassischen Sitzmöbel des Hocks anzutreffen, die Bierbank und den Biertisch, staunten wir nicht schlecht, als wir uns auf einem Paletten-Hock wiederfanden.

Schon beim Anblick der faserigen Sitzgründe rannte auf Traudls Nylons eine Laufmasche zu Tal.

Nun denn, jeder Trend, und Paletten-Möbel sind mehr denn je im Trend, hat die Neigung zum Leid, wie eben jegliche Mode ihrem Naturell gemäß leidet. Mode heißt erst mal Veränderung, und wer dies nicht möchte, der bleibt eben auf der Bierbank hocken und tanzt auf dem Biertisch.

Man muss keine Nylons tragen, um sich beim Niedersitzen einen Spreißel zu holen. Zwar werden kleine, karierte Sitzkissen untergeschoben, doch ist man unterhalb des Kniebereichs von der rauen Behaarung der Industriebretter bedroht. Das Absenken seines Hinterteiles erfolgt dementsprechend tastend, um das von bescheidener Größe aufgelegte Kissen mit dem Hinterteil zu vereinen. Danach heißt es, in relativer Erstarrung zu hocken.

Die Sitzhöhe scheint hier variabel gestaltet zu sein und der Formel zu folgen: Alter geteilt durch Paletten-Höhe.

Beispiel: 60 Jahre : 15 cm = 4 Paletten

Traudl und ich hatten demnach 4 Paletten unter uns, was einer Stuhlhöhe entsprach, jedoch nicht einer Stuhltiefe, geschweige denn einer Anlehnung. Glücklicherweise hatten wir jenseits unseres Rückens ein Ehepaar in ähnlichem Alter (4 Paletten), das ebenso in relativer Erstarrung auf der Palette hockte und in unseren beiden Rücken nach dem dritten Bier eine Anlehnung fand, was wir im Gegenzug gerne in Anspruch nahmen. Wir kannten diese beiden Menschen nicht, haben sie auch nie kennengelernt. Ihr Geruch war angenehm, das

Geschlecht meines Rückengegenübers wohl weiblich, da ich am Abend eine schmerzende Druckstelle in Höhe des Brustwirbels verspürte, was vermutlich vom BH-Verschluss meiner Rückenpartnerin herrührte.

Traudl war nach diesem Hock auf eigenartige Weise beglückt. Sie drängte mich gar, in den kommenden Wochen wieder einmal einen dieser Paletten-Hocks zu besuchen. Rückwirkend hätte sie sehr schöne Erinnerungen an diesen Abend. Ihre Rückenschmerzen seien wie weggeblasen und ihre Nackenversteifung auf wundersame Weise entschwunden. Nur hätte sie einen leichten Schnupfen davongetragen, denn der Abendwind hätte wohl auf ihrem Rücken eine leichte Erkältung hinterlassen. Dies nähme sie jedoch liebend gerne hin.

Traudl: „Schatz, die zwei wichtigste Feste hasch noch nicht erwähnt. Hochzeit und Weihnachte!"

Hochzeiten gehören zu den Premium-Feiern. Unsere liegt schon einige Jahre zurück und Schorschi ist noch nicht so weit. Nichten und Neffen sind verstreut in alle Winde, und wenn sie heiraten, dann im Geheimen, wie es mehr und mehr üblich wird. Die Geheimhochzeit. Das ist der Trend. Öffentlich oder geheim, es ist und bleibt die Krönung der Paarung, die feierliche Beringung, die man ein-, zwei-, dreimal im Leben (Übung macht den Meister), mit immer neuen Übungspartnerinnen unter Zeugen veranstaltet.

Es ist und bleibt das gängigste Modell der menschlichen Vermengung und es hat sich mehr oder weniger bewährt. Alles was über die Verbindung von einem Mann zu einer Frau hinausgeht, wird unübersichtlich. Die Ehe wird steuerlich gefördert und wer draufzahlen muss, hat die Spielregeln dieses dualen Systems nicht beachtet. So ist und bleibt es der Renner, der Knaller, der wohligste Brummer im Leben derer, die an die Verkettung glücklicher Umstände glauben, denn zusammen ist man weniger allein, mehr oder weniger. Die Hochzeit ist der vermählende Vollzug zweier Glücke, und nur in diesem Fall kennt die Rechtschreibung den Plural von Glück. Ein Glück allein reicht nicht aus, man laviert sich lieber als Doppelsitzer durch die Höhen und Tiefen des zerklüfteten Lebens.

Reichen selbst diese beiden Glücke nicht aus, so hört man schon die Spötter rufen: „Nach der Vermählung ist vor der Vermählung!"

Genauso wie die Fußballer rufen: „Nach dem Spiel ist vor dem Spiel!"

Und ebenso gibt es diesen Spruch an Weihnachten. „Nach dem Fest ist vor dem Fest!"

Vorfreude auf Weihnachten 2017 war auch Nachfreude von 2016. Vorfreude auf 2018 ist Nachfreude von 2017. Zwischen Vor- und Nachfreude liegt das eigentliche Fest, also das Dazwischen. Was zwischen Vor- und Nachfreude noch

Platz hat. Diese Zwischenfreude unterliegt bei uns zu Hause jedes Jahr enormen Schwankungen.

Traudl hat an Heiligabend die Wienerle aus dem Auge gelassen, worauf es diese, wie die vergangenen Jahre auch, zerrissen hat. Ich habe kommentiert: „Vor dem Wienerle isch nach dem Wienerle!" In der Hoffnung, dass es 2018 gelingt, wenigstens einmal an Weihnachten die Wienerle formgerecht auf dem Teller liegen zu haben.

Ausgerechnet die Nudeln, die vom Discounter wegen „Fremdgeruch" zurückgerufen wurden, haben wir gegessen. Das Malheur haben wir erst hinterher in der Zeitung gelesen. Ich habe kommentiert: „Vorem Rückruf isch nachem Rückruf!", was die Bedeutung in sich trägt, dass die Nudeln schon vor dem Rückruf verdorben waren und hinterher immer noch. Obwohl unsere robusten Verwertungsorgane dies ignoriert haben, kaufen wir nächstes Fest die Nudeln im Bioladen.

Dann habe ich von meinem Sohn eine physiotherapeutische Massage zu Weihnachten bekommen. Dass aus meiner verspannten Schulter vom ersten Weihnachtsfeiertag am zweiten Weihnachtsfeiertag eine ausgerenkte Schulter geworden ist, habe ich wie folgt kommentiert: „Vor der Massage isch nach der Massage". Wir freuen uns aber erst mal auf Silvester. Auch hier gilt: Vor Silvester ist nach Silvester. Wir kaufen 2018 keine Böller, weil wir noch genug von 2017 haben, die auch noch für 2017/18/19 reichen, denn vor dem Böller ist nach dem Böller.

Der Duft nach frischem Käsekuchen lässt mich innehalten. Traudl hat heute gebacken. Käsekuchen ohne Boden (Familienrezept von 1756). Ich werde unruhig, vertippe mich. Ein Speicheltropfen fällt auf die Tastatur. Auf das „M".

Die Augen werden glasig, der Bildschirmtext verschwimmt. Vor mir auf dem Schirm erscheint unter gehobelten Mandeln, goldgelb der Käsekuchen. Von einer Fata Morgana auf dem Bildschirm hab ich noch nie etwas gehört, aber wer weiß schon um die Wunderkraft von Gelüsten.

Ich fahre den PC herunter und setze mich zu Traudl an den Kaffeetisch. Während des Kaffees besprechen wir noch einmal das Kapitel und nach einigem Hin und Her sind wir der Überzeugung, dass gerade dieses Kapitel einen feierlichen Abschluss braucht. Traudl schlägt vor, eine der Weihnachtsgeschichten, die ich alljährlich im Badischen Tagblatt veröffentliche, ans Ende zu setzen.

Nun sind im Laufe meiner Geschichten immer wieder die Mitglieder der Familie auf- und abgetaucht, die Lebenden und die Verstorbenen. Die Wahren und die Erfundenen, aber anders kann es in so einem Buch ja nicht sein. Großvater Fritz gehört das Finale von Kapitel 5.

Eine Weihnachtsgeschichte

Es war einer dieser vorweihnachtlichen Abende, an denen sich das Besinnliche anschleicht wie eine hungrige Katze. Draußen vorfrühlingshaftes Herbstwetter, alles, bloß nicht Winter. Noch waren Schwärme von Fruchtfliegen unterwegs und sie schlugen sich die Köpfe an den Fensterscheiben platt. Weihnachten war noch weit entfernt und doch schickte es seine Vorboten.

Das Abendbrot hatten wir hinter uns und über uns in der Stube hing bleiern die Frage: Was wird er dieses Jahr wieder anstellen, sich einfallen lassen, zur Bereicherung des Festes beitragen? Mit „er" war Großvater Fritz gemeint. Weder Mutter, Vater, noch wir beiden Buben mussten es ansprechen. Bei jedem von uns war es präsent, als ob Großvaters letztjährige Eskapaden erst vor Tagen gewesen wären.

Wie ihn Mutter vor einem Jahr geschickt hatte, einen Christbaum zu kaufen, er dann aber erst am nächsten Tag wieder heimkam, nachdem ihn die Polizei gesucht und völlig verwirrt wiedergefunden hatte. Statt des Baumes hatte er 12 Stangen Lauch unterm Arm. Wie er mit der Linzer-Torte in den Keller geschickt wurde, um sie kindersicher auf dem Werkzeugschrank zu deponieren, wo sie dann Wochen später nicht mehr aufzufinden war. Und wie er bei der feierlichen Messe nach vorne trat und den Pfarrer bat, nun endlich als Betriebsratsvorsitzender auch mal ein paar Worte an die Belegschaft richten zu dürfen. Es ginge ja schließlich um Tarifangelegenheiten und nicht um die Eröffnung der Fastnacht.

„Oh Du fröhliche" stöhnte Vater und schlug vor, erstens den Großvater ständig im Visier zu behalten, zweitens auf die Weihnachtsmesse zu verzichten, und drittens, die ganzen Festivitäten zeitnah und kompakt über die Bühne zu bringen.

Äußerlich aufmerksam, ja geradezu interessiert, nahm Großvater teil, als wir Weihnachten generalstabsmäßig unter verschärften Bedingungen planten. „Wohin", warf Großvater schließlich in die Familienrunde. „Wohin fahre mir zum Fest? Bisher sin mir zu Pfingschte immer an de Bodensee g'fahre."

„Opa, Pfingsten bleiben wir dieses Jahr zu Hause", sagte Mutter und wir anderen nickten zustimmend. „Na gut, wie ihr meint. Aber um Himmels Willen net wieder zum Pfingstsonntag diesen albernen Christbaum aufstelle!"

So vergingen die Tage und das Fest, das uns gar nicht so recht erfreuen wollte, rückte näher. Nur der Großvater war von unbekümmerter Heiterkeit und Vorfreude beseelt. Pfiff schon am Morgen Weihnachtslieder, steckte Tannengrün in die Blumenkästen vor dem Fenster und verschwand auffällig oft in der Werkstatt, die er hinter sich schloss. Die Verwirrung war nun ganz auf unserer Seite. Nur ab und zu blitzte seine Vergesslichkeit auf. Hoch oben auf der Leiter stehend, wo er Lichterketten an den Hausgiebel nagelte, rief er dem Briefträger zu, dass die Jungen dieses Jahr zu Pfingsten wieder diesen albernen Weihnachtsschmuck am Haus wollten. Und das zu Pfingsten!

Am Morgen des 24. Dezember war die Stimmung dann recht zuversichtlich. Jetzt haben wir es bald geschafft! Großvater lief auf den letzten Metern vor der Bescherung zur Hochform auf. Pfiff und sang, trug schon morgens seinen Festtagsanzug, schmückte den Baum und freute sich sogar auf die Pfingstmesse. Er war einfach nicht zu bremsen und wir hatten Mühe, seinem Enthusiasmus zu folgen.

Ab Mittag wurde es dann richtig besinnlich, feierlich, ja spannender von Stunde zu Stunde, die das Fest näher rückte. Und es war wirklich nur diese kleine, kalendarische Verschiebung um 5 Monate in Großvaters Kopf, die wir nun kommentarlos stehen ließen. Das hatten wir nun verstanden. So wünschten wir uns nach dem Essen fröhliche Pfingsten, begaben uns zur Bescherung ins festlich geschmückte Wohnzimmer, sangen Pfingstlieder und, obwohl wir es für dieses Jahr gestrichen hatten, gingen wir dann doch hinterher zur Messe, die dann auch der Großvater recht feierlich empfand. Naja, bis auf den Hinweis, den er mir in der Kirche ins Ohr flüsterte. „Da fehlt der Schmackes! Früher habe mir bei solche Betriebsversammlungen die Internationale gesunge. Und der 1. Mai fiel früher auch net auf Pfingstsonntag!"

Ich hätte gerne in meinem Kapitel über unsere Fest- und Feierkultur ebenso Ostern, Christi Himmelfahrt und Allerheiligen mit aufgenommen, jedoch rät mir Traudl ab. Mein christliches Weltbild sei hierzu nicht ausreichend gefestigt und, offen gesagt, mehr als verzerrt. Ich will mir's mit ihr nicht verscherzen, da sie im Gegensatz zu mir noch ein gewisses Maß an Restreligiosität besitzt.

„Kannsch ja über die Fasenacht schreibe, des liegt dir näher. Und es isch auch en christlischer Brauch!"

Mit dieser Bemerkung hat sie Recht, stamme ich doch aus einer närrischen Familie, um nicht zu sagen, einer Familie von Narren.

Immer mehr junge Menschen in der Region finden den Zugang in närrische Brauchtumsvereine. Die Jugend scheint verhext. Warum das so ist, darüber gehen die Meinungen auseinander.

Meiner Ansicht nach hat jede Zeit ihre Narren, in Anzahl und Ausprägung ganz unterschiedlich. Dieser Übergang vom zweiten ins dritte Jahrtausend gehört anscheinend zu den Zeiten, die sehr viele Narren produziert. Hühner legen unter ganz bestimmten Voraussetzungen mehr Eier. Bei tiefen Tempe-

Der wahre Narr

raturen weniger, bei höheren mehr. Diese Erkenntnis könnte uns nun zu der Vermutung bringen, dass mit zunehmender Erderwärmung die Narrenproduktion zunimmt. Gewagter, aber interessanter Gedankenansatz.

Der Narr hat den Schalk nicht nur im Nacken, sondern auch im Gehirn. Dieses Organ ist und bleibt das zentrale Narrenorgan. So ist der Narr ein überaus ernster Geselle, der sein Brauchtum nach strengen Regeln und Ritualen praktiziert. Er braucht eine Struktur, eine Ordnung, eine feste Gruppe mit strenger Hierarchie (Hilfsnarr, Unternarr, Diplomnarr, Chefnarr. Zunftlehrling, Zunftgeselle, Zunftpraktikant, Zunftmeister. Neu: Hexen-Master, Teufels-Bachelor).

Der wahre Narr ist ein ganzjährig praktizierender Narr. Er hat seine Termine, an denen er praktiziert. Wir kennen das von praktizierenden Hausärzten, die ihre Sprechzeiten haben. Der niedergelassene Narr hat auch seine Zeiten, in denen er offiziell närrisch sein muss und auch ist. Und genau wie ein Arzt auch außerhalb seiner Sprechzeiten ein Arzt ist, ist der Narr außerhalb seiner närrischen Tage ebenso ein Narr.

Ab dem 11.11. nimmt das Narrenschiff langsam Fahrt auf. Zuvor heißt es: Häs reinigen und bügeln, Narrensprünge einüben, Vereinsaufgaben wahrnehmen, Vereinsausflüge organisieren, Besen binden.

Spätestens nach dem 11.11. ist dann alles nicht mehr so, wie es vor dem 11.11. war. Obwohl es vor dem 11.11. im Prinzip nicht gravierend anders war, denn die Zeit nach dem 11.11. ist im Grunde aus närrischer Sicht identisch mit der Zeit vor dem 11.11. Also vor der Fastnacht ist nach der Fastnacht.

Am Schmutzigen kommen die Narren dann an die Oberfläche, wie die Broteinlagen in den Narrensuppen. „Narri, Narro, jetzt geht's dagege!", wie es in der Brauchtumssprache heißt. Man würde es sich liebend gerne außerhalb der tolldreisten Tage wünschen, dass es mal ordentlich dagegen geht. Aber nein. Erst am Schmutzigen geht's dagegen. Mit „dagege" sind die da oben gemeint. Bürgermeister, Verwaltung, Gemeinderäte. Die Narren übernehmen dann pro forma zwar die Regentschaft, doch ist es letztendlich eine Farce, eine vertane Chance. Es könnte wirklich dagegen gehen, wenn die Schlüsselübergabe nicht nur gespielt wäre. Wenn der Bürgermeister vielmehr auf Dauer entmachtet und in Handschellen in den Kerker geworfen würde und der Gemeinderat aufgelöst.

Nein, für wahre Narren ist dieses Schauspiel unwürdig. Die Ernsthaftigkeit der Narren wird unglaubwürdig. Sie verkommen zu Statisten eines Brauchtums, das seinen Namen nicht verdient. Und sie entziehen sich der Verantwortung, die ihnen unser Rechtsstaat durch die Narrenfreiheit gewährleistet.

Ich zeige all meinen Respekt vor jeglicher Festivität in unserer Gemeinde dergestalt, dass ich die Straße vor meiner Haustüre vor und nach dem Fest fege. Sobald sich eine Feierlichkeit ankündigt, sei es das Zwetschgenfest, der Bauernmarkt oder der Fastnachtsumzug, bin ich mit dem Besen zur Stelle.

Das war nicht immer so. Doch nach vielen Jahren, in denen ich die verschiedenartigen Kehrrituale meiner Nachbarn studiert habe, bin ich zu der Überzeugung gekommen: Da muss was dran sein. Aber was? Was macht diese Kehrlust aus? Ich glaube nicht an das Klischee des Kehr-Gens, wie es unseren Schwäbischen Nachbarn zugesprochen wird. Ich vermute mehr.

Ohne Worte

Was sehr zögerlich und mit Zweifeln an meinem Tun begann, ist inzwischen zur angenehmen Gewohnheit geworden. Ja, mehr noch, und ich sage das frank und frei heraus: Ich fege für mein Leben gern. Ich liebe kleine Kehrschaufeln aus Metall, rosshaarbestückte Kehrinstrumente, klassische Haushaltsbesen mit Naturbehaarung bis hin zu einem Monster von Werkstattbesen mit einer Breite von 120 cm, mit dem ich lange Bahnen und Kreuzwege auf den Estrich lege und den Kehricht in kleinen Depots aufhäufe, bevor ich diese mit dem Kehrbesen auf die Kehrschaufel schiebe.

Ich genieße das und empfinde Freude am Reinen. Draußen wie drinnen, wobei ich draußen nicht mit der ungenierten Vehemenz den Besen führe, wie im unbeobachteten Drinnen. Noch würde ich mich ertappt fühlen, in die Bredouille geraten, ja mich schämen. Dies rührt daher, dass man es mir nicht zutraut. Wer mich kennt, würde sagen: „Der?...im Lebdag fegt der net vor'em Haus."

Noch bin ich der heimliche Feger, weil es mir fremd ist, im Chorgeiste mit meinen Nachbarn zu fegen, deren Tun ich vor Jahren noch belächelt habe. Sie scheinen zu spüren, dass ich ein noch junger Feger bin, dass ich den Besen nicht führe, wie man ihn eben seit Jahrhunderten führt. Doch führe ich ihn gerne.

Vielleicht muss man sich erst im dritten Lebensdrittel befinden, um zu erkennen, dass es im eigenen Sein und Schaffen Unvereinbares gibt, das nach außen drängt und sich mit raumgreifenden Schwüngen Geltung verschafft. Was immer mich antreibt, ich lasse es geschehen und schaue nicht in die Vergangenheit. Und wenn es nur die Bewegungsabfolge, dieses Handhaben einfachster Werkzeuge ist, das Fegen des Fegens willen, ich liebe es, selbst wenn es nichts zu fegen gibt.

Auch spüre ich nach dem Fegen eine innere Ruhe und Zufriedenheit, als ob ich nicht nur allen Schmutz vor dem Haus zusammengekehrt hätte, sondern auch meinen Seelenkehricht. In gewisser Weise bekehre ich mich. Mit Abstrichen möchte ich gar von therapeutischem Fegen sprechen.

Und doch ist mir dies unerklärlich unangenehm. Noch. Ich will abwarten, wie sich mein Verhältnis zum Fegen in der Öffentlichkeit weiter entwickelt. Vorerst ziehe ich es vor, mir Fege-Zeiten zu suchen, in denen ich in Ruhe und mit klammheimlicher Freude fegen kann. Frühmorgens zwischen 4 und 5 Uhr, im Schein der Gaslaterne.

Oder am Abend, wenn ich von meinem Abendspaziergang nach Kappel hinauf und über den Friedhof zurück...kehre. Danach noch im Schein der Gaslaterne eine Runde fegen, dann hat der Tag ein gutes Ende.

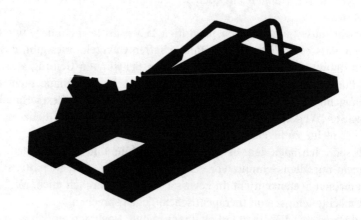

Naturkunde über Menschen

Oma Gretels Naturkunde
und wie mich Radiowellen
zum Leben erweckten

6
Samstag

Alles was an Insekten Flügel hatte, flog uns um die Ohren, wenn wir im Sommer unter der Pergola saßen und Birnen aßen. Oma schlug im Duktus eines Staccato mit dem Küchenmesser kleine Schnitte in die Birnenviertel, damit es ihre Zahnprothese nicht so schwer hatte. Da saßen wir nun bei Birne und Omas Naturkunde.

„Mugge" sind Fliegen (Zweiflügler), hier bekannt als „Schmeißmugge, Drecksmugge, Bremse".
„Miggle" sind kleine Fliegen (Zweiflügler), hier bekannt als „Fruchtmiggle oder Moschtmiggle".
„Schnooge" sind Mücken (Zweiflügler), hier bekannt als „Rheinschnooge, Hausschnooge, Bettschnooge".
„Weschbl" sind Wespen (Hautflügler), hier bekannt als „Holzweschbl, Terrassenfluch, Zwetschgeteufel".

Neben diesen Insekten erklärte mir Oma den Unterschied zwischen Finken und Meisen, Fichten und Tannen, Männern und Frauen.
Omas Naturkunde hallt bis heute nach.
Wir unterscheiden bei uns zuhause die heimischen „Mugge" (Fliegen) nach Tageszeiten: Es gibt „Frühstücksmugge" und „Nachtmugge". Bleibt eines dieser Exemplare über längere Zeit unser Gast, so gebe ich ihm einen Namen. Jede Kreatur sollte eine eindeutige und namentliche Zuordnung haben.
So bekommt also nun die in den Morgenstunden aktive „Frühstücksmugg" den Namen „Der Rote Baron", die nachtaktive „Nachtmugg" den Namen „Herr Lilienthal".
Traudl unterscheidet diesbezüglich nicht. Schorschi ebenso. Für die beiden sind alle Hautflügler/Zweiflügler „Drecksmugge".

„Die Mugg"

Dieser Sichtweise folgen die meisten Menschen, und sogleich ist die Rede von Krankheiten, die jene Drecksviecher übertragen.

Ich hingegen glaube weniger an diese weitverbreitete Ansicht, denn mich hat noch kein Insekt mit einer Krankheit angesteckt, was in unseren Breiten auch relativ selten vorkommt. Ich sehe diese fliegenden Wesen mehr unter dem Aspekt ihrer einzigartigen Flugfähigkeiten. Unstrittig ist, dass es kaum kunstfertigere Flieger gibt als „Mugge". Dass unsere unterschiedliche Sichtweise auch ein grundverschiedenes Verhalten gegenüber diesen Tieren zur Folge hat, liegt auf der Hand.

Nun ist vor zwei Tagen „Der Rote Baron" unerwartet verstorben. Dies war bitter, denn ich hatte mich mit ihm fast schon angefreundet, und er setzte sich jeden Morgen auf meine Zeitung, besonders wenn ich den Lokalteil las. Um Traudl machte er einen Bogen. Tiere spüren, ob sie gemocht werden oder nicht. Sie nehmen mit sensorisch feinen Sinnen unser Verhalten wahr.

Kurz vor seinem Absturz las Traudl die Todesanzeigen. Dies tut sie zwar jeden Morgen, aber ich hatte das Gefühl, an diesem Morgen las sie diese Anzeigen sehr ausführlich. Sie beschäftigte sich mit Tod und Vergehen.

„Jetz' isch der auch schon g'schdorbe!...so jung!....guggemol, der isch doch dein Jahrgang...also derzeit sterbe se wie die Mugge!"

Ich will meine Deutungen nicht zu weit treiben, aber auch nicht ganz und gar ausschließen, dass „Der Rote Baron" gespürt haben muss, dass er kein willkommener Gast ist. Vor seinem Ableben drehte er noch eine weite Schleife über die Seite der Todesanzeigen, stellte plötzlich die Flugbewegungen ein und plumpste auf Traudls Schleckselbrot. Sie können sich Traudls Gesicht vorstellen.

Mein Verhältnis zu Tieren ist bis heute durch Großmutters Naturkundelektionen beeinflusst. Mehr noch, sie hat mir eine große Tierliebe vermittelt, Respekt gegenüber allen Wesen aufgezeigt und eine gewisse Hinwendung zum Tierischen.

Tierliebe ist nicht Tierliebe. Der „Homo Badensis" liebt sein tierisches Umfeld auf seine ganz spezifische Art und Weise. In der nutzbringenden Version liebt er seine „Viecher" aus Gründen der Wirtschaftlichkeit, also der stattlichen Größe wegen. Große Bullen, große Eier, große Euter.

Bezüglich emotionaler Hinwendung liebt er Tiere und nennt sie „Viechle".

Massenhaft auftretende Insekten (wie zum Beispiel „Schnooge") nennt er „Viechzeug, Drecksviecher oder Sauviecher". Sehr hohe Tiere sowie manche Menschen nennt er ebenso „Sauviecher".

Ihm sehr nahestehende und herzlich verbundene „Viechle" nennt er liebevoll wie scherzhaft-neckend „Lumpeviecher".

Im Ranking der Kosenamen steht beim „Homo Badensis" auf Platz 1 der nicht zu toppende „Schatz" (Sammelbegriff von Gütern wie Goldschatz, Wortschatz, Erfahrungsschatz). Wenn man so will, zeigt man mit dieser ganz und gar untierischen Zuordnung „Schatz" eine außergewöhnlich wertschätzende, tiefe Emotion gegenüber einem Wesen, das man über alles schätzt und liebt. Im weitesten Sinne ist der „Schatz" das geliebte „Lumpeviech".

Auch ich bediene mich dieser liebevollen Hinwendung bezüglich meiner Traudl. Schorschi ist dann eher das „Kalb". Es ist Samstag und er wird vor 12 Uhr nicht aus seinem Stall kommen.

Gleich hinter „Schatz" folgt auf der Hitliste der tierischen Bekosung die „Maus", wobei wir wieder bei den eindeutigen Tieren angelangt wären. „Maus, Mausi, Mausl". Und nun, liebe Leser, bitte festhalten: „Mausebär". Ich habe sehr viel Fantasie gebraucht, um mir einen „Mausebär" vorzustellen. Die Kreuzung zweier, von ihren körperlichen Dimensionen ganz unterschiedlicher Kreaturen. Das bedeutet größtmögliche Vorstellungskraft. Fabelwesen, Mutant, Urzeitgeschöpf? Sollten Sie, liebe Leser, in ihrem Bekanntenkreis auf einen „Mausebär" stoßen, schicken Sie mir bitte ein Foto dieses Exemplars. Ich bin gespannt.

„Hase" ist im Ranking die Nummer drei in der weiblichen Hitliste der Verschmusungen (Bei Männern: „Hasl, Hasi, meine Häsin"). Man denkt bei der Zuordnung dieser Art natürlich an den flinken, hakenschlagenden, eleganten wie anmutig anzusehenden Feldhasen. Doch visualisiert man den mit dem Kosewort in Verbindung gebrachten Menschen, sieht man des Öfteren träge, lümmelnde, fette Stallhasen in unwürdigen Behausungen, die ihr Leben zu keinem anderen Zwecke verbringen, als unter Zureichung möglichst vieler Essensreste der Schlachtung entgegen zu reifen.

Handelt es sich hingegen doch um den genannten Feldhasen, sollte man bedenken, dass dieser sich auf der Roten Liste (vom Aussterben bedrohter Arten) befindet. Wir sollten unser Liebstes damit nicht in Verlegenheit bringen.

Ein Tier, das ich als Kosenamen völlig ungeeignet empfinde, ist der „Spatz". Er piepst in unserem Ranking auf Platz 5. Auch hier ist viel Fantasie von Nöten, die Wesenszüge, das Verhalten, die Brutpflege und das Liebesleben des Sperlings in Beziehung zu einer Frau/einem Mann zu bringen. Selbst wenn man in Rechnung stellt, dass es bei tierischen Zuordnungen grundsätzlich um liebvolle und mit viel Fantasie gewürzte Vergleiche geht, ist respekt- und würdevoller Umgang gefordert. Und hier kann der „Spatz", wenn überhaupt, nur zweite oder dritte Wahl sein.

Man kann auch „Goldkehlchen" sagen oder „Rotschwänzchen". Aber niemals „Spatz". Ich würde niemals auf die Idee kommen, meine Traudl „Spatz" zu nennen. Aus einem ganz einfachen Grund. Meine Traudl ist kein „Spatz". Und selbst wenn sie es wäre, würde ich es unterlassen. Sie hat nichts Spatzenhaftes und verhält sich auch nicht wie einer dieser nervösen Federbälger. Darüber hinaus singt sie weit schöner als ein „Spatz", ja fast wie eine „Nachtigall". Aber sie mit „Nachtigall" (Ranking Platz 576!) zu bekosen, würde mir im Traum nicht einfallen. Müsste ich mich entscheiden, ich würde ihr die „Amsel" zuordnen. Auch wenn diese Art im Ranking gar nicht aufgeführt ist.

Ich habe nichts gegen Spatzen. Auch dies ist ein Widerhall der naturkundlichen Lektionen meiner Oma. Im Gegenteil, sie sind mir ein fröhliches Volk, das mir viel Freude bringt. Sitze ich mit Traudl an einem lauschigen Sommerabend auf unserer Dachterrasse, lassen wir uns von ihrer umtriebigen Geschäftigkeit erfreuen.

Auch die Schwalben mag ich sehr, die in weiten Schleifen durch die mit Insekten geschwängerten, warmen Luftwirbel gleiten und in kunstvoller Fliegerei dicht über unsere Köpfe segeln. Ich finde dies faszinierend. Aber auch hier würde ich niemals auf die Idee kommen, meine Traudl „Schwalbe" zu nennen. Ich gebe zu, ich habe zu meiner Traudl in sehr angespannter Gemütsverfassung schon einmal „Weschbl" (Wespe) gesagt. Ich kann Ihnen, geneigte Leser, davon nur abraten. Sagen Sie von mir aus „Maikäfer", „Hirsch" oder „Forelle", aber niemals „Weschbl". „Weschbl" ist so ziemlich das Letzte, was eine Ehefrau hören will. Ich habe es auch nur ein einziges Mal gesagt, und danach viele hundert Male gedacht.

Traudl ist wie so oft im ungünstigsten Moment vom Wochenmarkt zurück und steht mir im Rücken. Wenn ich sie mit Wärme und Rat gebrauchen könnte, ist sie nicht zur Stelle. Schreibe ich despektierlich über sie, steht sie schneller da als ich den Bildschirm blind werden lassen kann. Manchmal taucht sie wie ein Geist aus dem Nichts auf und manchmal bemerke ich sie erst, nachdem sie schon minutenlang hinter mir steht.

Der Zug am rechten Ohr lässt mich spüren, dass sie die letzten Zeilen gelesen hat. Falls ich den „Weschbl" in Verbindung mit ihr in diesem hier vorliegenden Buch veröffentliche, wird sie mir ihren Stachel zeigen.

Von floralen Bekosungen sollten Sie Abstand nehmen. Gerade Schnittblumenvergleiche können für einen Partner sehr verletzend sein (Rosen!).

Schließlich gibt es eine Vielzahl lustiger Hundenamen, die gerne auf Menschen übertragen werden. Einen Hund haben wir nicht, obwohl wir da in unserem Freundes- und Bekanntenkreis fast die Einzigen sind. Im Elternhaus hatten wir einen Spitz, sozusagen ein Erbhund, die Überreste eines Hundes, der bei uns das Gnadenbrot bekam. Wir hatten ihn aufgrund unseres christlichen Men-

„Butzweschbl"

schenbildes aufgenommen und wollten ihn nicht ins Tierheim geben. Heutzutage hat sich die Hundehaltung verändert. Ein christliches Menschenbild braucht heut' keiner mehr, um sich einen Hund zuzulegen.

Immer wieder lese ich von Kampfhunden, dann wieder von Rettungshunden und Drogenhunden, von Sauhunden, Schoßhunden, Windhunden, Rassehunden und Schlittenhunden. Im Trend liegt derzeit, bei meinen etwas dem schönen Design zugewandten Freunden und Freundinnen, der Handtaschenhund. Über jene Kleinkaliber-Fifis im handlichen Kleinformat, den DIN A5-Hunden, wurde bisher recht wenig geschrieben. Vielleicht weil sie sich meist im Dickicht von Handtaschen vergraben und nur zum gelegentlichen Luftholen oder Schmusen an die Oberfläche kommen, indem sie ihre triefenden Nasen zwischen den geöffneten Reißverschluss zwängen. Weder meine Oma Gretel, die nun wirklich fast alle Tiere kannte, erwähnte je einen Handtaschenhund, noch im Badischen Tagblatt und im Acher- und Bühler Bote, die ansonsten immer auf der Höhe der Zeit sind, war bisher über den Handtaschenhund zu lesen.

Ich las zwar bei einer Konzertbesprechung über einen Bühnenhund, doch die Handtaschenhunde in den Zuschauerreihen wurden nicht erwähnt. Die Reporterin vor Ort hätte schreiben können: „Von munteren Handtaschenhunden war begeistertes Fiepen aus den schicken Handtaschen ihrer Frauchen zu vernehmen." Handtaschenhunde sind, wie es der Begriff unschwer erahnen lässt, der Handtasche ihres Frauchens/Herrchens angepasst. Möglich auch, dass die Handtasche dem Hund angepasst wird. Wieso der Handtaschenhund nicht wie andere Hunde auf der Erde läuft/sitzt/liegt, kann mehrere Ursachen haben. Zum einen, dass die Handtasche ohne Hund einfach nicht gefüllt ist und somit unschön aussieht in ihrem Falten- bzw. Knitterwurf. Möglich auch, dass der Handtaschenhund eine Gehbehinderung hat oder Hühneraugen. Wobei Hühneraugen bei jener Spezies selten sind, bei Menschen hingegen häufig vorkommen. Vielleicht ist er auch nur frisch frisiert/rasiert/pedikürt oder gebürstet und soll daher nicht in Bodenberührung kommen. Oder er beißt und muss in Achselhaft bleiben. Man könnte unendlich viele Gründe finden, seinen Hund in die Tasche zu stecken.

Sollten Sie, liebe Leser, sich ein solches Taschentierchen anschaffen, denken Sie daran: Die Hundesteuer ist vom Hubraum ihrer Handtasche abhängig.

In meinen Gedanken geht Großmutter noch heute neben mir her und weiß um die Geheimnisse der Tierwelt.

Gehe ich zur Sommerzeit am Sonnengässchen der Bühlot entlang, so weist mich Oma Gretel im Geiste auf den Graureiher hin, der seelenruhig, ja versteinert auf seinen dünnen Beinen in den letzten, vom Sommer vergessenen

Handtaschenhund

Pfützen steht. Und sie weiß, dass der Graureiher (oder auch Fischreiher genannt), im Vergleich zum Silberreiher, schwarze Schopffedern trägt und eine schwarze Augenbinde. Also Hütchen und Augenbinde. So habe ich die Lektion über die Reiher heute noch im Gedächtnis.

Unbeirrt steht er da, lässt sich nicht aus der Ruhe bringen durch die sonnenhungrigen Flaneure, die Menschen, die im Sturmschritt zum Bahnhof eilen oder die Schüler, die rauchend auf dem Mäuerchen sitzen. Er ist einer von vielen, die sich in unserer Stadt eingenistet haben.

Der Sommer hat noch einmal mit großem Schwung ausgeholt. Man sucht den Schatten, kühle Deckung unter Stroh, Ziegel oder Schirm. Wird es Abend und macht die Hitze lauen Winden Platz, navigieren einfallende Insektenschwärme mit kunstvoll umhersegelnden Fledermäusen um die Wette. Auch die ruhelosen Stadtratten blinzeln uns neckisch aus der Deckung überquellender Mülltonnen zu, weil sie das Leben in den lauen Nächten herrlich finden, da für jeden von Gottes Geschöpfen etwas abfällt. Auch größeres Getier ist auf den Wildwechseln der Straßengemarkung unterwegs. Wildschweine jagen in Rotten über den Asphalt. Tanzmäuse hüpfen durch Gassen und über Plätze, und im Stadtgarten lauern lüsterne Füchse auf das kokettierende, scheue Wild. Der Sommer hat das Leben in die Nacht verschoben und kaum haben sich die Schwärme, die Rotten und die einsamen Nachtgänger verzogen, huschen Apotheken-Füchse, Buch-Finken, und Zeitungs-Amseln durch das Morgengrauen und beenden die Nacht.

Traudl findet meine lyrischen Beschreibungen etwas zu heftig. Um genau zu sein, arg heftig. Sie hält mein rechtes Ohr zwischen Daumen und Zeigefinger, zieht aber nicht. Immerhin.

Sie meint, wenn schon Lyrik, dann leicht bekömmlich.

Meine bildreiche Sprache würde sie zuweilen schwindelig machen im Kopf. Was ich schreib' sei wie Malen und Dichten gleichzeitig. Entweder es sei zu wenig Farbe auf dem Bild oder zu viel Worte in den Sätzen. Also anstrengend.

Oma Gretel hingegen hätte der Text gefallen. Ihr konnte es nicht bildhaft genug sein. Und dies nicht nur im Kontext von Flora und Fauna. Oma Gretel wusste nicht nur die Unterschiede von Pflanzen und Tieren zu lehren, sie hatte auch in bescheidenem Maße Kenntnis von technischen Zusammenhängen und deren Unterscheidungen. Langwelle, Kurzwelle und Ultrakurzwelle.

Ich erinnere mich an einen der Nachmittage mit Oma in Baden-Baden. Oma hatte sich bei mir untergehakt, so gingen wir an den Kolonnaden entlang, und just dort erklärte sie mir die Radiowellen. Auf ihre ganz eigene, bildreiche

Ohne Worte

Weise. Kam eine Frau mit langwellig-wogendem Haar in unser Blickfeld, war dies das Bild der langen Radiowelle, die sich schwer tut im Gebirge und sich lieber mit weiten Bögen durch die Ebene bewegt. Kurzwelle, das waren Frauen mit kurzem, welligem Haar. Solche kurzen Wellen können überall hingelangen, sind wendig und können Hindernisse umgehen. Kurzwellensender kann man weltweit empfangen. Ultrakurzwelle waren Frauen mit langem, jedoch gekräuseltem Haar. Das war die perfekte Welle, wie sie sich vom Baden-Badener SWF-Sender über den Merkur ins Murgtal hinunterkräuselte.

Mit diesem Bild bin ich groß geworden, habe Langwellen-, Kurzwellen- und Ultrakurzwellen-Frauen kennengelernt, und heute bin ich passionierter Radiohörer und meine Traudl ist eine Langwellenfrau mit viel Herzfrequenz. Sie kommt aus der Rheinebene. Dort kann sie sich ungehindert auswellen.

Wer hingegen so wie ich in den tiefen, schwarzwaldigen Senken das wenige Licht der Welt erblickt hat, das zwischen Fichtennadel und Tannenspitzen (Fichte: Nadeln umschließen den Zweig, stechend, kantig und spitz, durchgängig grün - Tanne: keine Nadeln an Unterseite, weich, breit und flach, oben dunkel, unten hell. Quelle: Oma Gretel) dringt, dort wo es früher dunkel wird und später hell, der weiß sich nicht nur in der Düsternis des Alltages zurechtzufinden, der weiß auch mit den Ohren zu sehen.

Als ich anfing, das Gehörte in meinem Kopf in Bilder umzuwandeln, als ich das Hören als sinnliche Wohltat empfand und entdeckte, dass Ohren mehr sind als Orte der Krustenbildung und der zerrenden Zurechtweisung durch Höhergestellte, da war ich neugierig geworden. Radiohören war genau das, auf das meine Ohren schon lange gewartet hatten. Dies konnte auch der klobige Fernseher nicht ändern, den meine Eltern in den 60er Jahren im Wohnzimmer, gegenüber der Chaiselongue, aufgestellt hatten. Genau platziert in direkter, visueller Achse Augen - Bildschirm. Sicherheitsabstand! Genau wie es Herr Fortenbacher vom Elektrogeschäft angewiesen hatte. Vorsicht Augenschaden! Nicht dass dadurch unser Radio an Attraktivität verloren hätte. Es stand unverrückbar im hinteren Winkel der Eckbank. Erhöht, einem kleinen Altar gleich, auf dem auch eine Madonna hätte stehen können, ein geschnitzter Hirsch oder eine jener zu der Zeit üblichen, stets durstigen und gummiartigen Blattgewächse, die durch die 1960er-Jahre wucherten, als gäbe es zur heimischen Zierde nichts anderes als diese Gummi-Grünlinge.

Dort stand also ohne störendes Beiwerk „de Radio". Also „der Radio". Er schien mir ein Verbal-Hybrid zu sein. Denn gleichzeitig war zu hören: „Mach doch mal einer 's Radio aus!" Also „das Radio". Für mich war es eins und so ist es geblieben. Manchmal ist es der Radio, dann wieder das Radio. Oder ich rufe meiner Traudl zu: „Ja Herrgottzack, jetzt mach doch mal den Kaschde ab!"

Wir hörten im Elternhaus SWF 1, bis meine Hör-Reife dahingehend fortgeschritten war, dass ich mich in Hörweite von SWF 3 begab. Pop-Shop. Mein Vater nannte das akustische Produkt jenes Senders „Gedudel". Damit meinte er „Negermusik". Das sprach er aber nicht aus, weil er Sozialdemokrat war. Sozialdemokraten sagen nicht „Neger". Mutter wippte mit.

1998 hatte es sich dann ausgedudelt. SWF (Baden-Baden) und SDR (Stuttgart) wurden zu SWR, und dies nannte sich Senderfusion. Baden und Württemberg konnten sich hören lassen. Einige Badener sprachen von Verrat, warfen ihren „Kaschde" zum Fenster hinaus und sahen fern. Dort war aber auch die Schwäbische Dominanz vorherrschend, und so ist es geblieben. Ans Fernsehen hatte man sich schnell gewöhnt, wie an alles, was einem portioniert serviert wird. So gesehen ist Fernsehen wie Essen im Restaurant bzw. am Schnellimbiss.

Wie man im Laufe seiner Menschwerdung immer Neues entdeckt, so habe ich in den Folgejahren andere Radio-Sender entdeckt. Und nachdem ich in Bühl, zwischen Rhein und Reben meinen Empfänger aufgestellt hatte, gab's für die Radiowellen keine geographischen Hürden mehr zu nehmen. Sie konnten nach Herzenslust an meine Ohren schwappen.

Traudl sagt, es sei mein ewiger Trotz, meine Prinzipienreiterei im Kontext standhafter Verweigerung allem Technischen gegenüber, dass mein „Erbstück", das elterliche Radio, der „Saba Triberg 11" bei mir zu Hause auf dem Küchenbuffet steht und keine Kompakt-Anlage. Auch Hörgenüsse seien evolutionär und verändern sich im Kontext technischer Raffinesse, meint Traudl. Meine Radiokultur sei wie Pellkartoffeln ohne was dazu.

Doch ist mir das Ächzen, Knarzen und Knistern meines „Saba Triberg 11" wie das Schnurren der Katze. Ohne geht's nicht. Genauso ist die Kuckucksuhr keine Kuckucksuhr ohne das asthmatische Rufen des Kuckucks. Und ohne Schwitzflecken ist der Sommer kein Sommer.

Mein Radio ist die akustische Nabelschnur, die mich mit der Außenwelt verbindet und somit die Hörbrücke zwischen Welt und Heimat. Heimat ist für mich ohne Radio nicht lebensfähig. Mein Baden lebt erst durch das Radio... den Radio! Was in der Heimat passiert, höre ich im „Öffentlich Rechtlichen Rundfunk". Was passieren könnte, höre ich im Privaten Rundfunk. Und was passieren sollte, erfahre ich im Kirchenfunk. Der „Öffentlich Rechtliche Heimat-Sender" ist nach Zahlen untergliedert. Hören nach Zahlen. SWR 1, 2, 3, 4. Private Radiosender der Region sind nach menschlichen Organen untergliedert. „Radio Ohr". Radio Ellenbogen oder Radio Zwerchfell wären schöne Sendernamen, aber davon habe ich bisher noch nichts gehört.

SWR 1 ist nicht nur die Einstiegsdroge für SWR 4, SWR 1 ist der Basis-Sender, also die Grundversorgung für Menschen im Altersbereich zwischen 30-

50 Lebensjahren. Meist sind dies radiobegeisterte Hausfrauen, die auch gerne einmal ein SWR 1-Konzert besuchen. Allerdings, und so habe ich es selbst erleben dürfen, benehmen die sich dort größtenteils wie ihre eigenen Kinder. Die klassische „SWR 1-Oldie-Mutter", kläglich gescheitert beim Versuch, sich der gepiercten Bauchfreiheit ihrer magersüchtigen Tochter anzugleichen. Der Vater, Mitte 50, in Jeans und Hosenträgern, weil der Gürtel bei Leibe nicht hält, was der alberne Aufdruck auf dem T-Shirt verspricht.

Wenn also dieses durchnächtigte und von der Vergangenheit gedemütigte Duo von den eigenen Kindern zur Rede gestellt wird, wo sie gestern Abend waren, dann kommt das Geständnis, die Offenbarung, die musikalische Bankrotterklärung: „Mir ware bei Uriah Heep." Es ist nicht zu fassen. Mitte 50 und dann bei Uriah Heep. Ich glaube es nicht. Uriah Heep, 1969 gegründet, also im letzten Jahrhundert. Der Gitarrist im Alter einer Großmutter. Die Mikrophone an das Gestänge des Rollators gebunden, hinter dem sich diese Hardrock-Fossilien über die Bühne schleppen und ihre ausgemergelten Körper in das kreischende Publikum aufgepimpter Hausfrauen werfen, die weder die medizinische Fähigkeit besitzen, diese lädierten Uriah Heeps wiederzubeleben noch notzuschlachten. Es ist nicht zu fassen. Die eigene Mutter in völliger Ekstase und der eigene Vater beim Headbangen mit seinem ausgedünnten Resthaar.

96,2 Herzen im Dreivierteltakt, das ist SWR 2. Sollte sich einer meiner Leser in diesen Frequenzbereich verirren, so ist Vorsicht geboten. Wie mir ein befreundeter Radiotechniker berichtet hat, wird er öfter zu SWR 2-Hörern gerufen. Dies geschieht meist zu einer bestimmten Jahreszeit und bei genauerer Prüfung des angeblichen Defektes stellt sich heraus, dass gerade die Donaueschinger Musiktage übertragen werden. SWR 2 hören ist der „Widerspenstigen Zähmung" mit Radiowellen. Diesen Sender hört man gerne zur „Götterdämmerung", also wenn sich Besuch angesagt hat. Maria Stuttgart, Cosi van Tuttlingen (die alte „Fledermaus") oder mein „Vetter aus Dingsda" (der „Fliegende Holländer"). Es ist mir bis heute in meiner Erinnerung geblieben, dass bei Besuchen unserer Schwäbischen Verwandtschaft, die Mutter kurzerhand von SWR 1 auf SWR 2 umgestellt hat, und so waren die lieben Verwandten nach dem Kaffeetrinken bereit zum Abmarsch zurück auf die Alb.

SWR 3 ist, und dies schreibe ich zu meinem Leidwesen, der Lieblingssender meiner Traudl. Dieser trendige Jugendsender (Altersbereich: Geburt bis Frühverrentung renitent agierender Berufsjugendlicher) dudelt bei ihr von morgens bis abends und wird von mir gerne als das Hintergrundrauschen der häuslichen Galaxis beschrieben. In der Gewichtung: Übermäßiger Rauschanteil, magerer Hintergrund. Dass meine liebe Traudl gerade beim Staubsaugen diesen Jugendsender hört, scheint für sich zu sprechen. Ab und an erlaube ich mir den Spaß, während Traudls Saugaktivitäten heimlich den „Kaschde" abzustellen, was erst einmal nicht von ihr wahrgenommen wird. Erst Stunden später, am Abend, kurz vor dem Einschlafen, grummelt sie ins Kopfkissen: „Irgendwas hat mir heut g'fehlt. Aber was?" Ob man ihn hört oder nicht, allemal ein Hörgenuss.

Es ist Mittag geworden, der Kuckuck aus der Küche lässt sein einmaliges, keuchendes Rufen höre. Also 12 Uhr. Er ist wie immer seiner Zeit voraus. So trete ich in den SWR 3-Klangraum unserer Küche. Ich hoffe sehr, dass Traudl mit mehr Hintergrund gekocht hat, als ihr Lieblingssender gesendet. Bevor ich mich an den Tisch setze, schalte ich den Kasten aus, denn wie des Öfteren schon erwähnt, ist es mir nicht möglich, mehrgleisig zu agieren. Essen und Hören gleichzeitig.

Wer 40 Jahre lang treu und redlich SWR 3 gehört hat, der kommt in den Genuss einer automatischen Fern-Umschaltung auf SWR 4. Lang gediente SWR 3-Hörer bemerken diese Umstellung nicht, unterbrechen also auch nicht die Teppichreinigung. Traudl hat die Umstellung noch vor sich.

SWR 4 ist mehr als ein Radiosender. Hierbei handelt es sich um ein öffentlich-rechtliches Methadonprojekt. Die Generation 65 plus kommt davon nicht mehr los und eine Welle der Begeisterung bewegt sich durch das Ländle. Ü 65-Partys von SWR 4 sind die Muntermacher für die Hörerschaft der Seniorinnen und Senioren, das Mekka der ausgeflippten Graureiher, die beim Afterwork-Seniorentanztee die letzten Kräfte mobilisieren um doppelherzig gedopt abzudancen. Die Statistik weiß, dass sich zur medialen Rush-Hour locker 8–10.000 Jahre senile Hüpfmasse auf den Tanzböden landauf landab befinden, und dass diese schweißtreibende Volksmusik eine ganze Hörergeneration ins Diskofieber der Volksmusik fallen lässt.

Auch wer den Weg in diese Seniorenclubs nicht findet, der sitzt zu Hause vor seinem alten Röhrenradio und wackelt mit den Ohren oder dreht mit dem Rollator seine Pirouetten.

Joseph Benedikt Schwer gründete 1835 in Triberg eine Uhrenfabrik. Von der Uhr bis zum Radio ist der Weg ungefähr so weit, wie von Triberg nach Villingen. Uhren waren für die Schwarzwälder so etwas wie das erste Radio, wenngleich diese nur ticken, „Kuckuck" rufen oder gongen konnten. So mancher Privatsender bringt auch heute nicht mehr zustande.

1923 begann diese Uhrenfabrik dann Teile für Radiogeräte herzustellen und nannte sich „Schwarzwälder Apparate-Bau-Anstalt". Kurz SABA. Der Begriff „Anstalt" ließ schon in den 20er-Jahren erahnen, dass Radio irgendetwas mit Heilung zu tun haben musste.

1935 stand SABA mit einem Marktanteil von zehn Prozent in Deutschland an zweiter Stelle der deutschen Radiogerätehersteller, hinter Telefunken. SABA stellte auch den Volksempfänger VE 301 her. Jawoll! Genau den! „Des Führers Wort ein jeder höre, SABA baut die beste Röhre!" Dieser Slogan war noch nicht zu Ende gesprochen, da gab's einen Bums. Bomben-Volltreffer auf dem Firmengelände. Ausgeröhrt.

1945 dann SABA-Spielzeug, den SABA-Kran für die Kleinen. Endlich mal etwas Aufbauendes. Tablettenröhrchen für die Pharmaindustrie und andere unbedeutende Erzeugnisse verließen die Werkshallen, wobei Tablettenröhrchen ja nicht unbedeutend sind, hatte man die Tabletten zuvor noch im Geldbeutel aufbewahrt. Telefone wurden auch gebaut, und so konnte der Schwarzwälder Bauer, oder je nachdem auch seine Bäuerin, das geheime Techtelmechtel auch mal telefonisch befriedigen.

1947 wurden Radioapparate gebaut. Der Schwarzwälder Kuckuck bekam Konkurrenz. Wahre Tausendsassa waren die SABA-Techniker. Zwischendurch bauten sie Kühlschränke und 1953 dann den ersten Fernseher, den „Schauinsland W 2". Welch' ein Name für ein Fernsehgerät. Einen Schöneren gibt es bis heute nicht. Nebenbei gab's im Angebot Kofferradios für den Strandtag am Titisee, das SABA-Mobil, ein tragbares Kassetteil, mit dem die Schwarzwälder Bauern gerne das Muhen ihrer Kühe aufzeichneten, um die Kassetten zu den in die USA ausgewanderten und an Heimweh leidenden Verwandten zu schicken.

Bis heute kennen die älteren Schwarzwälder noch ihre SABA-Werke, deren größtes Verdienst für viele Eingeborene die hauseigene Kantine war, was wieder einmal zeigt, dass Radiohören zwar eine schöne Beschäftigung ist, aber nichts gegen einen gut gehäuften Teller Bratkartoffeln mit Sauerkraut und Speck.

In den 1970er-Jahren ging's dann bergab mit der „Schwarzwälder Apparate-Bau-Anstalt". Eines der letzten Produkte war ein Gerät zur Beseitigung von Schlafstörungen. Wie sinnhaft für einen Niedergang. Zurück blieben große Namen wie „SABA, der Sieger", „SABA Wildbad 8" oder „SABA Triberg 11". Wir hatten zu Hause den „SABA Triberg 11". Mit 7 Kilogramm das Schwergewicht unter den Röhrenradios. Lang-, Mittel-, Kurzwelle (stolz erklärte ich meinem Bruder, meiner Mutter und meinem Vater die Bedeutung der Wellen, die mich Oma lehrte).

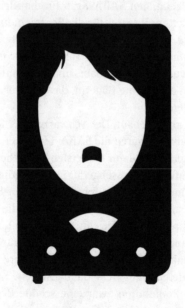

Oldies sind nicht tot zu kriegen!

2,5 Watt, 460 bis 6.750 Hertz, plus die Herzfrequenz unserer Familie. Da sind wir locker auf 10.000 Hertz gekommen. Sender-Tasten groß wie Pferdezähne. Drehknöpfe zum Kurbeln aus Herzenslust. Eine mechanische Herausforderung, die nur unser Vater imstande war zu meistern. Außer Vater durfte keiner das Gerät bedienen.

Da saßen wir am Küchentisch wie die hypnotisierten Karnickel. Meine Mutter, mein Vater, mein Bruder und ich. Starr den Blick gerichtet auf das oszillierende, das flackernde, smaragdgrüne, magische Auge. Und das magische Auge hatte uns angestarrt. Dazu sang Willi Hagara: „Eine Kutsche voller Mädels." Irgendwann hat unser Vater nachregulieren müssen, weil das Kreischen der Mädels nicht mehr zu hören war, die Kutsche sich verfahren oder Willi Hagara nur noch gekrächzt hatte.

Dann der Moment, als der Vater unseren „SABA Triberg 11" umdrehte, die hintere Abdeckplatte abnahm und wir ins geheimnisvolle Innere, in die Wunderwelt der Elektronik blicken konnten. Das war für uns wie Weihnachten, Ostern und Heilige Kommunion in einem. Alles was die Lautsprecher an akustischen Schwingungen erzeugten, hatte im Innern für uns Gestalt angenommen. Fantasie war gefordert und hatte sich nicht lange bitten lassen. Die ersten Bilder entstanden und ich kann heute sagen: Das war für mich der Beginn des Fernsehens, schon lange bevor wir solch ein Gerät besaßen.

Röhren, Kabel, Platinen, Willi Hagara, wie er in seiner Kutsche voll kreischender Mädels durch Triberg fährt. Wie die rot glühende Sonne hinter den Röhren der Hirsche untergeht und das unentwegte Rauschen der Triberger Wasser-Wellen in unseren Ohren. Bis zu diesem Moment wussten wir nicht, wie Heimat riecht. Und einen betörenderen Geruch gibt es für mich bis heute nicht. Der Geruch nach Staub, verbranntem Plastik und verschwitzten Mädels. Und das geht eben mit einem Smartphone nicht!

Die Welt im Ohr

Ein leiser Knack, ich bin auf Sendung
jetzt nimmt mein Tag eine glückliche Wendung
es kracht, es rauscht, es schnurrt und krächzt
der Kasten knarzt, der Kasten ächzt
die Nadel saust, dann bleibt sie steh'n
jetzt alles nur nicht weiter dreh'n
das Magische Auge leuchtet vollendet
jetzt ist es soweit, jetzt wird gesendet

Der Papst will die Frage der Verhütung überdenken
in der UNO will China überhaupt nicht einlenken
die AfD will im Landtag erreichen
dass Migranten nie mehr ins Freibad „saichen"
dann höre ich Werbung gegen Migräne
gesungen, von wem wohl, von Fischers Helene
der KSC hat sein Spiel versiebt
weil dem Tormann sein Wirbel sich ständig verschiebt
auf der Nebenfrequenz ist ein Autobahnstau
morgen gibt's Schnee in der Ortenau
ich drehe nach links, da singt ein Franzose
daneben die Werbung für Fertigsoße

Ein leiser Knack, ich bin auf Sendung
jetzt nimmt mein Tag eine glückliche Wendung
es kracht, es rauscht, es schnurrt und krächzt
der Kasten knarzt, der Kasten ächzt
die Nadel saust, dann bleibt sie steh'n
jetzt alles nur nicht weiter dreh'n
das Magische Auge leuchtet vollendet
jetzt ist es soweit, jetzt wird gesendet

Der Papst will Kondome legalisieren
die Chinesen wollen China privatisieren
die AfD, sie nutzen die Krise
um Freibäder künftig ganz zu schließen
Werbung für die dritten Zähne
gesungen von wem wohl, von Fischers Helene

der KSC hat in Freiburg versagt
der Trainer den Schiri bei Gericht verklagt
auf der Nebenfrequenz die A5 blockiert
die Ortenau wird evakuiert
die Nadel flitzt, ich kann es nicht fassen
Signale von fliegenden Untertassen

Ein leiser Knack, ich bin auf Sendung
jetzt nimmt mein Tag eine glückliche Wendung
es kracht, es rauscht, es schnurrt und krächzt
der Kasten knarzt, der Kasten ächzt
die Nadel saust, dann bleibt sie steh'n
jetzt alles nur nicht weiter dreh'n
das Magische Auge leuchtet vollendet
jetzt ist es soweit, jetzt wird gesendet

Der Papst will Verhütung legalisieren
die Chinese Kondome en gros produzieren
die Röhren glühen, die Kabel schmoren
der KSC hat schon wieder verloren
Helene Fischer hör ich improvisieren
man könnt' es als Ufo interpretieren
da platzen die Röhren, es scheppert und stinkt
worauf die Helene weiter singt
Funken schlagen, dann ist Schluss
ich krieg einen heftigen Tinnitus
also morgen zum Doktor, Gehör kontrollieren
vorher mein Radio zum Reparieren

Aus der Küche höre ich Staubsaugergeräusche, dazu SWR 3 und, als ob dies nicht schon genug sei, unseren Kuckuck, der mit 7 luftleeren Rufen 18 Uhr ankündigt. Welch' klangvolle Abendsinfonie. Obwohl SWR 3 nun gerade nicht mein Sender ist, habe ich mich an dieses Hintergrund-Rauschen aus den Schwarzen Löchern der Popmusik gewöhnt. An das „Gedudel", wie es mein Vater damals nannte, als ich „Popshop" hörte. Heute kommt mir dieses Wort „Gedudel" zwar in den Sinn, doch ich spreche es nicht aus, genauso wie mein Vater das Wort „Negermusik" nicht aussprach. Und genau wie ich das Wort „Weschbl" nicht ausspreche, obwohl mir bei SWR 3 danach ist.

Ohne Worte

Ich habe mich an Traudls Radiogeschmack gewöhnt. Wie viele andere Menschen bin auch ich ein Gewohnheitstier. Warum sich Menschen als Gewohnheitstiere sehen, weiß ich nicht. Tiere würden nie auf die Idee kommen, sich als Gewohnheitsmenschen zu bezeichnen. Gewohnheiten sind die Gehhilfen in einem von Stolperfallen verstellten Alltag.

Ich liebe nicht nur meine Gewohnheiten, sie sind mir auch unverzichtbar, ist mein Alltag doch mit ausnehmend gemeinen Stolperfallen zugestellt. Treten Veränderungen auf, werde ich nervös. Zum Beispiel zeitliche Verschiebungen. Dann kommt meine innere Uhr aus dem Takt.

Mit mir sprechen sich 9 von 10 Badenerinnen/Badener (Menschen und Tiere) gegen die Zeitumstellung aus. Das plötzlich auftretende und unausgewogene Wechselspiel von Melatonin und Serotonin stellt uns vor logistische Herausforderungen. Ungewohnte Verdunkelungen sind mir genauso zuwider wie ungewohnte Erhellungen. Vom Viehzeug wissen wir, diese Kreatur lebt nur nach der inneren Uhr. Und diese Uhr kann nicht umgestellt werden. So können wir am Beispiel der Natur nachvollziehen, wie unnötig, ja schädlich die Zeitumstellung ist. Gewohnheiten sollten Gewohnheiten bleiben und die äußeren Uhren sollten sich den inneren anpassen.

Nun habe ich mir angewöhnt, am Abend den Tag mit einem Abendspaziergang ausklingen zu lassen. An Tagen kurz nach der Zeitumstellung spüre ich Unbehagen, ich gehe unrhythmisch. Dann weiß ich nicht so recht, ob mich die Zeit zieht oder schiebt. Ich brauche ungefähr sieben Tage, bis ich mich an die veränderten Lichtverhältnisse des Abends gewöhnt habe. Erst nach dieser Woche ist das neu Gewohnte dem alt Gewohnten gleich.

Eine Gewohnheit ist eine Gewohnheit und sollte es in der gewohnten Form auch bleiben. Der Mensch ist ein Gewohnheitstier. Das Tier ist jedoch kein Gewohnheitsmensch. Das wäre ja noch schöner. Gewohnheiten sind menschliche Eigenschaften, die uns wie an einem Seil sicher durchs Leben führen. Oder in die Irre.

Samstag früh gehe ich, wie jeden Samstag, zum Wochenendeinkauf zum Markt. Ich darf sagen, sie, meine Gewohnheit führt mich auf den Markt. Selbstredend ist es auch das Essensbedürfnis, aber der stets gleichbleibende Ablauf und die präzise zeitliche Abfolge des Einkaufs sind einzig meiner Gewohnheit geschuldet. Da ich nun Punkt sieben Uhr hinter meiner Gewohnheit einhergehe (anscheinend steht sie 5 Minuten vor mir auf), führt sie mich zum Markplatz. Dort angekommen, stehen wir vor rot-weißen Absperrgittern und statt der Marktstände stehen dahinter Baumaschinen. Es kommt zum ersten heftigen Wortwechsel, wobei ich meiner Gewohnheit vorwerfe, sie würde sich

Die Gewohnheit

stets vordrängen. Und sie wirft mir vor, ich hätte ja auch mal mitdenken können. Außerdem sei es in der Zeitung gestanden, dass der Wochenmarkt auf dem Platz vor dem Bürgerhaus stattfindet. Anstatt den Weg dorthin weiterzuverfolgen, drängt mich meine Gewohnheit zum Metzger, wo ich auf die freundliche Frage der Verkäuferin nichts zu sagen weiß, weil wir ja vegetarisches Wochenende haben und ich eigentlich gar nicht hier stehen wollte. Aber diese dumme Gewohnheit....Auf dem Weg zum Bürgerhaus ist meine Gewohnheit beleidigt und geht hinter mir. Dort angekommen, muss ich mich neu orientieren und meine Gewohnheit erst recht. Klar, die Marktleute waren es gewohnt, auf dem Marktplatz ihren Platz zu haben. Hier beim Bürgerhaus stehen sie nun in völlig neuen Formationen. Auch hinter'm Stand meiner Marktfrau ist heute Doppelbesetzung. Sie und ihre Gewohnheit. Sofort wird mir klar: Dicke Luft! Mensch und Gewohnheit sind uneins.

Mein Gemüse wird von meiner Gewohnheit ausgesucht und von der Gewohnheit meiner Marktfrau in den Korb gelegt. Bezahlen muss ich, den schweren Korb nach Hause tragen meine Gewohnheit. Strafe muss sein!

Auch an den Abenden des Wochenendes, an denen gewöhnlich die gesellschaftlichen Highlights stattfinden, gehe ich meine Runde. Eine Gewohnheit ist eine Gewohnheit. Und wird sie unterdrückt, ist es keine Gewohnheit mehr. Ich gehe immer den gleichen Weg. Er hat seinen gewohnten Anfang, seinen gewohnten Verlauf und sein gewohntes Ende. Ist mir dieser Weg durch Baumfäll-Arbeiten, Naturkatastrophen oder die Verlegung von Glasfasernetzen versperrt, so kehre ich um und gehe zurück. Ansonsten geh' ich den gewohnten Weg, bei Regen oder Schnee, an Werk-, Sonn- und Feiertagen.

Am Ende stehe ich, auch das eine Gewohnheit, oberhalb des Kappler Friedhofes und schaue in die Ebene. Sobald ich stehe, fliegen meine Blicke, der Gewohnheit geschuldet, in die Ebene hinaus. Ich muss sie nicht werfen, sie werfen sich gewöhnlich selbst. Aus einer Gewohnheit heraus. Es sind gewohnte Blicke und sie werden unscharf oder verschwommen, wenn sie sich umgewöhnen müssen. Blicke, und das weiß ich wiederum von meiner Oma Gretel, können fliegen, genau wie Langwellen, Kurzwellen und Ultrakurzwellen.

Ich gehe weiter auf der gewohnten Runde durch die Reihen des Friedhofes, wechsle hier und da ein Wort, bleibe kurz stehen, zünde (auch das wieder so eine Gewohnheit, dass ich immer eine Schachtel Streichhölzer bei mir trage) verloschene Grablichter an und richte den Verstorbenen Grüße von den Lebenden aus.

Es würde ihnen fehlen, wenn ich nicht der Gewohnheit folgend vorbeikommen würde, um sie zu grüßen. Gewohnheiten gehen über den Tod hinaus.

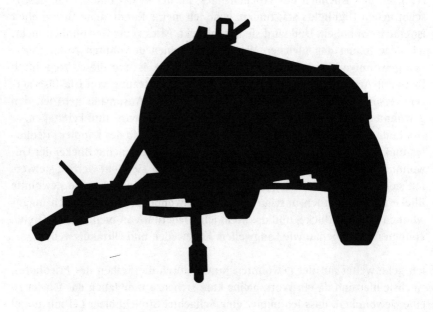

Heimat

Heimat ist meist nicht da, wo wir sie vermuten, sondern ein paar Meter daneben

Aus meinem Spruchbeutel

7
Sonntag

Heimat ist jederzeit. Morgens, mittags, abends. Zwischen Schlafen und Wachen, als Rauschen auf Asphalt, das aus der Ferne zwischen Kopfkissen und Ohrmuschel kriecht. Auch wenn der letzte Ausläufer des walartigen Schnaufens meiner Traudl verebbt und das sanfte Morgenlicht durch die Vorhänge drückt, ist Heimat.

Das vertraute Nebeneinander ofenwarmer Leiber, unter dem Gewölbe wärmender Gänsefedern, draußen die Müllabfuhr, das hydraulische Fauchen der Tonnenheber, das Gescheppe, wenn die Müllwerker die Tonnen gegen die Garagentore schieben. Auf dem Fenstersims das aufgeregt gurrende Taubenpaar beim Liebesspiel. Dann ist Heimat. Ein Stock tiefer mein türkischer Nachbar, der das Badezimmer betritt und seinen elektrischen Rasierapparat in Gang setzt, der wohl einen Getriebeschaden haben muss. Auch dies ist mir vertraut, höre ich es in der einen oder anderen Version an jedem Morgen. Ich würde mich fremd fühlen, wäre es anders, würden ungewohnte Geräusche an meine Ohren dringen. Verstummt das Geklapper des Bartschneiders, ist es Zeit für seine Morgenzigarette, die er bei geöffnetem Badezimmerfenster raucht. Dann ist Heimat.

Nun muss man wissen, dass unser Schlafzimmer über seinem Badezimmer liegt und die Fenster zur Brandmauer des Nachbarhauses ausgerichtet sind. Die Luftströme in diesem Häuserspalt verwirbeln den Zigarettenqualm nach oben, wodurch Traudl und ich bei gekipptem Fenster mitrauchen. Spätestens dann erwacht meine liebe Traudl, reckt und streckt sich raumgreifend, wirft ihre Oberarme kräftig zur Seite, die genau dort aufschlagen, wo eben noch mein müdes Haupt gebettet war. Nun kenne ich Traudls morgendliche Aufwachgymnastik schon seit Jahren und weiß mich in den jeweiligen Momenten an den jeweils richtigen Orten zu befinden. So sitze ich abseits auf der Bettkanne und meine Füße suchen die Hausschuhe. Dann ist Heimat.

All dies geschieht in vielerlei Variationen und spielerischer Abfolge. Wir warten geradezu darauf und sind verwirrt, wenn das Gewohnte ausbleibt oder

Heimatschutz

Ungewohntes sich ereignet. Dann wär die Heimat durcheinander. Dann wär gerade nicht Heimat.

So zieht sich das Gewohnte, vom kleinen Heimat-Kosmos der Privatheit beginnend, durch den Tag. Beim Frühstück, wo wir Tag für Tag unsere alten Bekannten treffen. Kaffeetasse, Zeitung, der Blick aus dem Fenster, hinauf zur Bühlerhöhe. Dann ist Heimat. Ins Badezimmer, auch da sind wir geborgen zwischen Kacheln aus einem fernen Jahrhundert, dem sonoren Brummen der Gastherme und den Zahnbürsten, die wie Schnittblumen in den Zahnbechern stehen. Auf der Toilette sitzend lasse ich den Blick durch dieses Wohlvertraute wandern. Vor mir im Regal die flauschigen Tücher, die ich einer unerklärlichen Gewohnheit geschuldet bei jeder Sitzung von unten nach oben zähle. Zwanghaft. Auch das ist Heimat. Auf dem Heizkörper drei verschiedenfarbige Blumenübertöpfe, die ich dort aufgestellt habe, damit jeder von uns dreien einen Platz für seine Tuben, Tiegel und Fläschchen hat und der Badewannenrand nicht aussieht wie eine Jahrmarkts-Schießbude. Badezimmerlandschaft. Landschaft ist unverrückbar. Heimat auch. Alles an seinem Platz. Baum, Berg, Seifenschale.

Dann prüfe ich, ob der Wasserhahn zur Waschmaschine zugedreht ist, der Klorollenbehälter gefüllt und Schorschis Trainingshosenbeine nicht aus dem Wäschebehältnis hängen. Heimat braucht Struktur, Form und Ordnung. Hier bin ich daheim, hier bin ich im Reinen. Hier ist Heimat.

Von Stunde zu Stunde weitet sich der Radius meines heimatlichen Kosmos'. Ich verlasse den engeren Kreis und betrete den nächsten Radius. Erweiterte Heimat. Die Gemüseabteilung bei „Nah und Gut" (Welch' ein schöner Name für ein Lebensmittelgeschäft und Sinnspruch für Heimat) ist meine erste Station beim morgendlichen Einkauf. Dort grüße ich die Karotten, Zitronen und die Gurken. Und allen wünsch' ich einen guten Tag. Heimatgruß. Ohne Gott, denn ich glaube, Gemüse ist ungläubiges Gesindel. Dann kaufe ich 6 Eier, lege sie an mein Ohr und höre, ob sie schon gackern. Und Milchtüten mit Bollenhut. Sodann der Kühltheke entlang, vorbei an käsigen Gesichtern und gekühltem Allerlei. Lachen Sie nicht, liebe Leser, auch Kühltheken können Heimat sein. Wer dort nicht mehr sein darf, dem wird's warm um den Hintern, der wird schlecht und ungenießbar. Der Kassenfrau dann einen Gruß und mit dem Rausgeld kriege ich „En schöner Tag!" gewünscht. Dann weiß ich wieder, wo ich bin und wo ich hingehöre. Hier ist Heimat.

Zurück zum überschaubaren, zum kleinen Kosmos und seinen bescheidenen Planeten. Mein Büro, die Werkstatt, die Küche. Tisch und Stuhl und Couch, zu der wir Chaiselongue sagen, in der Heimat-Version „Schessslong". Heimat ist wandelbar.

So geht's dahin im heimatlichen Kosmos, dem kleinen wie dem großen. Und immer weht die gleiche Luft und riecht gewohnt nach Heimat. Und nach Käsekuchen, nach Heu oder nach Holzfeuer, ein andermal nach Gülle oder nach der Zigarette meines Nachbarn. Ja, Heimat ist Luft und ganz ohne sie ersticke ich.

Am Wochenende trage ich Wanderschuhe und meine Traudl auch. Mein Schorschi nicht, er rennt in Kickschuhen über den Sportplatz.

Das ist seine Heimat. Und wenn die Heimat in Gefahr ist, das Spiel verloren, dann „Oh Heimatland!"

Ich liebe das Gewohnte und meine Füße auch. Die Heimat meiner Füße sind die Schuhe. Meine Schlappen, die Sandalen, die Wanderschuhe. Am Abend dann das dünne Leder.

Traudl hat mir stolz ihre neuen Abendschuhe gezeigt und mich gefragt, wie ich sie finde. Ich habe mir angewöhnt, Fragen nicht mit Gegenfragen zu beantworten, aber in diesem Fall muss ich eine Ausnahme machen. „Isch des Leder?" Die Antwort ist bezeichnend. „Des sieht mar ja schon am Preis!" Also sehr hochwertiges Leder, denke ich mir. Schuhe zählen zu den Bekleidungsstücken, die uns in innerfamiliäre Diskurse führen, deren Ausgang nicht zu überschauen sind. Schuhe sind ein hochsensibles Thema. Nicht nur bei Frauen. Mein Sohn Schorschi behauptet, er sei derjenige in der Familie, der mit den letzten Tretern herumlaufen müsse. Optisch ist das richtig und Bauweise, Haltbarkeit, bzw. Vergänglichkeit dieser Zalando-Einwegschlappen lässt nichts anderes zu, als optisch hinterher zu hinken. Es sind die Eintagsfliegen unter den Schuhen. Rein rechnerisch besitzt der junge Mann die meisten Fußobjekte, was er aber abstreitet. Kickschuhe würden nicht gelten, Badeschlappen, Espadrilles (mediterrane Hanfpflanzenschleicher) und Skischuhe erst recht nicht.

Ich hingegen bezeichne mich als bescheidenen Schuhträger, was meine Restfamilie bestreitet, da sie Gummistiefel, diverse Sportschuhe und Hausschlappen mitzählt. Außerdem trage ich Lederschuhe, was mich familiär gesehen ins Abseits drängt und mir den Beinamen „der Ewige" aufdrückt. Traudl hat zwar die meisten Schuhe, was ihr auch gegönnt sei. Doch weiß sie auch ins Feld zu führen, dass die „meisten" ja nicht unbedingt „genug" heißen muss. Diese Sicht verteidigt sie eisern, um nicht zu sagen ledern. Sie müssen das nicht verstehen, liebe Leser. Mit Sorge sehe ich der Wintersaison entgegen, die uns nicht nur Schnee bringt, sondern auch lederzähe Diskussionen über die Winterbereifung unserer Füße. Ich könnte darüber ganze Schuh-Werke verfassen. Auch diese Diskussionen sind Heimat.

Sonntag ist Wandertag. Da wird das robuste Leder geschnürt und es riecht nach Humus, Harz und Leberwurst und nicht nach dem Furnier gespitzter Stifte. Dann heißt es hinaus und hinauf. Heimat ist unten und oben. Ich finde, oben ist ein wenig mehr Heimat. Das ist aber Geschmackssache.

Und bald schon sitzen wir hoch oben auf den Felsen der Hertha-Hütte, unten das Bühlertal und drüber blauer Himmel. Dazwischen Heimat. Diese Art von Heimat soll erst mal einer aushalten. Ich werde schwach, ja lyrisch und Traudl fragt, ob ich innerlich wieder dichte.

Hier oben fällt mir immer ein Reim ein, im Frühling mehr, im Herbst weniger. Zu jeder Jahreszeit kommen wir einmal auf die Felsen und vergangenes Frühjahr war's ein besonders dichterischer Tag.

Heimatgedicht

Auf schmalem Pfad, den Berg hinauf, grad wie zwei flinke Hasen,
die Waden schwer, die Ohren glüh'n, es tropfen unsere Nasen
Das freche Grün voll Ungeduld, den Himmel zu beflecken,
dem weiten fernen Blau, die Zungen rauszustrecken
Im Tal ist man schon weiter, da blüht der Löwenzahn,
hier oben hat der Waldmeister, noch Winterstiefel an
Die Hänge sind vom Winterschnee, noch sumpfig satt getränkt,
die Bächlein sturzbetrunken, tüchtig eingeschenkt
Und dann hinauf, den Felsen zu, wo ihre dicken Bäuche,
über allem hängen, wie pralle Fahrradschläuche
Oben angekommen, da wird der Tag zum Fest,
weil jeder seine Füße aus den Schuhen lässt
Dann sitzen wir bei Leberwurst und hart gekochtem Ei,
und einer hat sogar 'nen Kirschkuchen dabei
Nun schauen wir und staunen, das große weite Wunder,
wir werfen uns're Blicke, ins Bühlertal hinunter
Welch' emsiges Gescharre, welch blechernes Gewühl,
8 Kilometer Stau auf der A5 bei Bühl
Wie Bienenwaben, dicht gedrängt, geblümte Kartonagen,
an Kirchenpfeilern angelehnt, gemauerte Bandagen.
Verstreute Menschennester, zwischen frischen Wiesen,
hinter Ziegenställen, reihenhäusig sprießen
Nun schlummern wir, und Ruhe liegt, der wir genüsslich lauschen,
derweil aus Richtung Bühlerhöh', ein untrügliches Rauschen
Oh Heimat du klingst heiter, von Bühlerhöh' bis Mummelsee,
welch Labsal für die Ohren, Moto Guzzi, BMW.

Der Weg ist das Ziel

Es ist Sonntagnachmittag, wir sind zurück von unserer Wanderung zur Hertha-Hütte. Heute war's mir nicht zum Dichten, da hat die Frühlingsluft gefehlt. Der November ist ein Monat, den die Dichter zwar lieben, aber nur der Schwermut und der Melancholie wegen. Auf Nebel reimt sich nicht viel, auf Herbst auch nicht und wenn ich lyrisch werde gegen Ende des Jahres, wird meist ein Weihnachtslied daraus.

Noch rührt Traudl in den Töpfen und ich nutze die Zeit bis zum Essen, um einige Zeilen zu schreiben.

Ende August flattern mir innerhalb einer Woche drei Einladungen zu einem Oktoberfest in den Briefkasten. Standesgemäß rufe ich „O'zapft is!" Weißer Schriftzug, grafisch angesiedelt irgendwo zwischen Old England und Kaiser Wilhelm auf Bayrisch Blau. Ich lege diese drei Einladungen, meiner neurotischen Zwanghaftigkeit geschuldet, nach Eingangsdatum entsprechend versetzt auf den Schreibtisch, wobei die letzte oben liegt. Die erste Einladung ist von einer Duftwasser-Filiale. Hier würde ich beim Besuch ihres Oktoberfestes 20 % Rabatt auf das ganze Sortiment bekommen. Ob inklusive Weißwurst, weiß ich nicht. Ich stelle mir 1-Liter-Bier-Flakons mit Rauten-Etikett und aufgebrezelte Duft-Dirndl vor.

Diese Einladung lege ich links außen ab, dort wo gewöhnlich die Nebenkostenabrechnungen und die Mahnungen liegen. Also eher nicht. Die zweite Einladung (mittig abgelegt) kommt von einem Einrichtungshaus, das beim Oktoberfest „Coffee and more" anbietet, eine Hüpfburg und einen Oktoberkracher, den Relax-Sessel „Horst". Wenn schon, dann zünftige steißbeinunfreundliche Bierbänke und verklebte Biertische. Auch diese Einladung lege ich links außen ab.

Die dritte Einladung (unten abgelegt) kommt von einer Bekannten meiner Traudl. Ein Badisches Oktoberfest mit bayrischen Schmankerln. Auf der Einladungskarte tanzen Indianer und Cowboys zu Badischer Blasmusik. Super, denke ich. Schmankerln kenne ich aus Österreich, Indianer und Cowboys aus Amerika, Bayern aus Bayern. Es scheint wohl auf Multikulti hinauszulaufen. Vielleicht sind auch einige Flüchtlinge mit landestypischen Trachten im Publikum. Es scheint interessant zu werden. Doch zuvor gilt es, bei einer Kostümprobe ein Gewand zu finden, das den Anforderungen dieses multiplen Oktoberfestes nicht zuwider läuft.

Traudl sieht fesch aus in ihrem Dirndl, der Balkon ist reichlich bepflanzt. Zum Reinbeißen. Bei mir hingegen wird es eng, denn ich habe mir die Lederkluft von meinem Schorschi ausgeliehen. Konfektionsgröße S! Diese störrische Kuhhaut bietet wenig Spiel für Menschen mit Größe M. Ich denke mir, viel-

Die Macht

leicht könnte ich sparsam trinken, um auf der Toilette zum Ab- und Ange-
schirren kein Hilfspersonal zu benötigen.

Traudl ist bereits im Jodelmodus, voll bedirndelt. Sie übt sich im Radi-Schnei-
den, während ich versuche, die Krachlederne zu dehnen und zu zerren. Um
nicht wie eine im Kuhgedärm gezwängte Presswurst den Abend zu verbringen, erwäge ich als Indianer zu gehen. Genau wie auf unserer Einladungskarte zu sehen ist. Dies aber nur unter der Voraussetzung, dass Traudl als In-
dianerin geht. Oder Cowboy. Nun hat sie aber schon 300 Euro für das Dirndl
investiert und ich sehe mich gezwungen, mir bei irgendeinem meiner Freunde
eine Lederhose zu leihen. Da bei uns im Badischen die Oktoberfeste meist
Ende August beginnen und Anfang Dezember enden, sind Oktoberfestunifor-
men meist ausgebucht. Doch habe ich Glück, denn einer meiner Freunde, der
ansonsten jedes sich bietende Oktoberfest mitnimmt, hat sich beim Platteln
den Haxen verdreht und muss das Sofa hüten.

Mit einem kräftigen „Ozapft is!" stehen wir schließlich zum Almauftrieb
bereit und betreten kurze Zeit später mit unseren ebenfalls eingetrachteten
Freunden die Bier-Arena (Bachschlosshalle), wo die kostümierten Multikultis
schon heftig beim Bierbänking sind.

Der Abend vergeht wie im Rausch und hat meine Erwartungen mehr als erfüllt. Sämtliche in mir herangereiften Vorurteile sind eingetreten. Mehr noch,
es ist die Erkenntnis in mir gereift, dass man so ein Oktoberfest leibhaftig
erleben muss. Die menschliche Fantasie reicht hierfür nicht aus.

Selten habe ich Völkerscharen beim friedlichen Tätertä, beim Armerecken
und bei kollektiver Humperei in so herzerfrischender Ausgelassenheit erlebt
wie hier. Bayern, Badener, Schwaben, Indianer, Cowboys und zwei mitge-
brachte Libanesen in oktoberfestlicher Herzhaftigkeit. Für mich ist an diesem
Abend das Thema Heimat neu definiert worden. Zwei Meter lang, schmal und
wackelig. Und Platz für sechs Hintern aus sechs Ländern.

Heimatlied

Kommsch du nach Baden, oder bisch du schon drin
isch des erscht mol en großer Gewinn
hier tropft dir der Honig auf die Fieß
kei' Wunder, du bisch ja im Paradies
Weinberge, Wiese, 's Trottoir isch g'fegt
auf die Sitzkisse wird hier Zeitungspapier g'legt

Mit'em Fahrrad, mit de Bahn oder mit'em Ballon
komme die Gäscht, in uns're Region
mar könnt grad meine, Mallorca hätt' g'schlosse
so hän die sich auf de Schwarzwald eing'schosse
doch du brauchsch ja a Visum, so isch des halt hier
und e Visum des isch net aus Zeitungspapier

Hasch dich entschlosse und hasch Eintritt bezahlt
kriegsch 's Badische Wappe auf de Ranze g'malt
dann wirsch du vermesse, taxiert und g'woge
auf's Badische Maß zurecht geboge
und schon geht's dir besser, denn du bisch jetzt wie mir
und hocksch beim Esse auf Zeitungspapier

In Freiburg an de Uni, da hän'se entdeckt
dass im Badische Blut Fremdeiweiß steckt
die viele Migrante, die sich mit uns vermenge
die Schwäbische Mädle, die sich an uns hänge
so einzigartig isch keiner wie mir
des steht jeden Tag auf em Zeitungspapier

Spargel, Kartoffel, herrlich' Weine
schöne Mädle aus der Ukraine
Erdbeere, Zwetschge, riese Melone
Erntehelfer, die im Container wohne
des isch zwar net nobel, doch mar muss optimiere
und so schlofe die bei uns auf Zeitungspapiere

Die Badische Moslems baue riese Moschee
weil se sonscht net gen Oschte über'n Schwarzwald sehe

für des Religiöse isch es hier optimal
weil mir sind ja selber auch fundamental
sie maches beim Bete genauso wie mir
unter die Knie zwei Schichte Zeitungspapier

In Haslach 's Museum, da siehsch du die Tracht
die Uniform die aus Fraue Souvenierle macht
herrliche G'wänder, Kopfputz wie Tüte
Fraue, die ihre Bolle selber hüte
tief rote Bolle, es isch grad e Zier
inne hohl und voll Zeitungspapier

Da ich sehr schnell unter Heimweh leide, fühle ich schon beim Ausfahren aus meiner Garage ein leichtes Unwohlsein. Dann auf dem Zubringer ein leichter Anflug von Kopfschmerzen. Auf der Autobahn wird's mir mulmig und von Kilometer zu Kilometer unangenehmer. Das Merkwürdige ist, dass ich Richtung Süden weniger leide, Richtung Norden mehr. Ich kann das nicht schlüssig erklären. Ich erinnere mich, dass ich mich bei einer Fahrt gen Süden erst kurz vor Basel erbrochen hab, Richtung Norden schon bei Bruchsal. Fahre ich Richtung Stuttgart, also Richtung Osten, wird mir nicht übel, aber ich kriege Herzrasen. Auch hier erinnere ich mich, dass ich nach Stuttgart wollte und bei Karlsbad von der Autobahn ausfahren musste, weil mein Herzrasen unerträglich wurde.
Der Anblick einer Reisezahnbürste löst bei mir Seitenstechen aus. Und zwar beidseitig. Das soll einer noch verstehen. Reisebüros, Bahnhöfe, Flughäfen betrete ich nur in Begleitung von Freunden und Bekannten. Am liebsten habe ich Traudl an meiner Seite.
In meinem Auto habe ich einen Autoatlas. Den hab ich entkernt. Der hat noch zwei Seiten. Das Inhaltsverzeichnis und Baden-Württemberg. Das liest sich nun etwas übertrieben, ist aber aus der Ferne betrachtet relativ wahr.
Manchmal lässt es sich nicht vermeiden, die Heimat weiträumig zu verlassen. Bin ich beruflich unterwegs zu einem Gastspiel, gehe ich, falls ich ankomme und unterwegs nicht emotional havariere, vor meiner Kabarett-Vorstellung eine Runde spazieren. Dabei vermeide ich es, in hell erleuchtete Wohnzimmer zu schauen, wo Eltern mit ihren Kindern am Tisch sitzen, zu Abend essen oder Mau-Mau spielen. Unerträglich sind mir insbesondere liebkosende Paare in schummriger Beleuchtung oder Großelternidyllen. Ich leide gewissermaßen an der Familienidylle und dem Geborgensein der anderen.

Kurz vor dem Abflug

In Begleitung von Traudl hingegen ist mir alles leicht. Mit ihr zu reisen gibt mir Halt, Sicherheit, ja Heimat. Mit ihr wage ich den großen Sprung, zwar mit Bedenken, doch vollen Mutes.

Auch wenn meine Traudl behauptet, ich sei ein Vogel, kann ich dem nur bedingt zustimmen. Schuster bleib bei deinen Leisten, sag' ich mir, und Vogel bleib bei deinem Gefieder. Schuster hin oder her, wir Menschlichen wurden irgendwann zum Tier und eroberten den Luftraum, weil das Erobern zu einem unserer Lieblingsbeschäftigungen zählt. Was wir jedoch an der Fliegerei bisher zustande gebracht haben, ist im Vergleich zu den Flug-Künsten einer Stubenfliege ein Fliegenschiss. Ein fast Nichts an Flugkunst, ein mit großem Aufwand erzeugtes Durch-die-Luft-Schieben von Metallbehältern. Vor diesem gedanklichen Hintergrund und mit allem Respekt vor der Stubenfliege bin ich dann nach langem Zögern vergangenen Sommer in die Luft gegangen.

Mit dem Flughafen Karlsruhe-Baden haben wir hier in der Region die Möglichkeit, gewissermaßen in Schlappen und Schlafanzug von zu Hause an den Flugfahrkartenschalter zu marschieren und in die Welt hinaus zu fliegen. Unsere Heimat zu verlassen für eine Zeit. Zum Glück habe ich mit meiner Traudl eine Flugbegleiterin, die aufgrund ihrer jahrelangen Herumfliegerei schon Flaum unter den Achseln hat und gewissermaßen auf den Vogelfluglinien der Welt zu Hause ist.

Den Flugkundigen erzähl' ich nichts Neues vom Schlange stehen und von den missmutigen Blicken der Flugreisenden, wenn sich auf der digitalen Anzeigetafel etwas bewegt. Ähnlich der elektronischen Liedfolge in den Gotteshäusern wird hier angezeigt, welches Lied gerade gesungen wird bzw. welches Flugzeug landet, welches nicht, meist aber, wie viele Stunden es später kommt, überhaupt kommt oder im günstigsten Fall schon bereit steht. Hat man dieses Martyrium des Eincheckens hinter sich, sind bereits wertvolle Urlaubsstunden stehend vorbeigezogen. Traudl und ich stehen also auf dem Flughafen Karlsruhe/Baden-Baden beim Einchecken und sind dann mal endlich ganz vorne am Schalter angekommen. Ein frisch riechendes und mit schmuckem Halstüchlein dekoriertes Fräulein checkt uns ein (Traudl: „Bodenstewardess"). Traudl erklärt mir alles. Zum Beispiel diesen Monitor über uns, auf dem gerade angezeigt wird, dass unsere Maschine im Eimer ist und die Ersatzmaschine erst 2 Stunden später landet. „Ja subber, genauso hab' ich mir des vorg'stellt!"

Eine englische Fluggesellschaft schickt also nun ein Ersatz-Fluggerät. Ich habe da meine Zweifel, ob die Engländer überhaupt noch gewillt sind, uns Europäern auszuhelfen.

Gemeinsam hieven wir Traudls Monsterkoffer auf die Waage. Ohje! Das frisch duftende Fräulein wackelt mit dem Kopf. 150 Gramm mehr und Traudl müsste für ihr „Drumm" Zuschlag zahlen. Wahrscheinlich hat sie wieder den großen Fön im Koffer, denke ich bei mir. Hat man das Einchecken hinter sich, hat man ein Prozedere vor sich, das Flugunkundige an den Gefängnisbesuch des Ehepartners eines lebenslänglich Inhaftierten erinnern dürfte. Sicherheitscheck! Ich werde aufgefordert, mein Handgepäck in einen Korb zu legen und meinen Gürtel auszuziehen. Dass einem dabei die Hosen rutschen, scheint ja wohl in diesem Laden hier keinen zu interessieren. Ich komme mir im ersten Moment hilflos vor, weil ich die letzten Wochen aufgrund meiner Flugängste sehr abgenommen habe und krampfhaft meinen Hosenbund festhalte. Und dann passiert genau das, mit dem ich gerechnet habe. Ich durchschreite eine Art Türrahmen und ein Sirenenton wird ausgelöst. Alle Umherstehenden schauen mich an, wie ich mit herunterhängenden Hosen und rotem Kopf da stehe. Ich werde abgetastet! Mehrmals. Erfolglos.

Mit dem PKW wären wir inzwischen in München, in Zürich oder in Hamburg. Auch schöne Orte, um Urlaub zu machen. Hätte das Security-Personal bemerkt, dass ich meine Wanderschuhe anhabe (Für alle Fälle!), wäre ihnen aufgefallen, dass die Metallösen der Schuhe den Alarm ausgelöst haben. Ich überlege, ob zwei Wochen Urlaub ausreichen, um diesen Stress, der hier gerade stattfindet, abzubauen. Und dabei bin ich noch keinen Meter geflogen.

Traudl und ich verlassen gerade den Sicherheitscheck auf dem Flughafen Karlsruhe/Baden-Baden. Nachdem ich meine Hosen wieder fixiert habe, mein Handgepäck unbeanstandet von der Röntgenabteilung zurück ist, kommen wir zum Boarding. Ich frage bei meiner Flugbegleiterin Traudl nach, ob sie sicher sei, dass wir beim Boarding seien. Das hört sich nicht gut an. Ich assoziiere Magenspiegelung. Boarding heißt, von hier aus gibt es kein Zurück mehr, nur ein Hinaus auf's Flugfeld. Gemütliche Urlaubsstunden verbringen wir hier beim Boarding zusammen mit anderen Vögeln. Und wie's nicht anders sein kann auf so einem regionalen Kleinstflughafen, trifft man Bekannte. Ja super, denke ich. Eigentlich wollt ich mal mit Traudl alleine sein. Wir treffen dort eine von Traudls extrem flugversierten Freundinnen, der ihre routinierte wie globale Herumfliegerei rein gar nichts nützt, denn auch sie sitzt hier in luftiger U-Haft, weil ihre Maschine, mit der sie nach Wien will (wollte!), nicht fliegt. Die ganze Story hier zu erzählen würde den Rahmen sprengen. Nur so viel sei erwähnt: Sie könnte mit der Bahn geschwind nach Stuttgart fahren und dort den Flieger nach Berlin nehmen. Falls dieser pünktlich landet, könnte sie über Reykjavik nach Wien fliegen. Aber dann würde sie wahrscheinlich den bereits gebuchten Rückflug vom Wochenendtrip nach Wien nicht mehr erreichen. „Ja subber!", murmle ich und sehe draußen auf dem Rollfeld, wie eine Maschine repariert wird. Zum Glück nicht unser Ersatzflug-Gerät. Wären wir dieses Jahr auf dem Westweg gewandert, wären wir jetzt schon am Seibelseckle. Schließlich werden wir nach Stunden aus dem Boardingbereich befreit, über's Rollfeld gerollt und steigen über eine Treppe ins Flugzeug. Wieder falsch, meint Traudl. Es heißt Gangway! Zusammenfassend kann ich sagen, Fliegen ist eine super Sache. Wären da nicht Flughäfen, Flugzeuge und herunterhängende Hosen.

Aus der Küche ruft mich der Kuckuck. Ich weiß nicht, wer den Kuckuck aufgezogen hat, womöglich überdreht, die Zeiger verstellt oder was weiß ich, normalerweise ist das meine Aufgabe (und nur meine), aber wenn ich gerade nicht da bin, zieht Schorschi oder Traudl an den beiden Ketten mit den gusseisernen Zapfen und dann gute Nacht.

Wie auch immer, der Vogel ruft mich mit einem Doppel-Kuckuck zum Essen, also einem Kuckuck zu viel. Die Uhr zeigt die richtige Zeit an, doch der Vogel geht eine Stunde vor, schon die ganze Woche ist er mit einem Ruf voraus.

Dann sitzen wir über unseren Tellern und dann ist für einen Moment alles gesagt. Was die wohltuende Sonntags-Stille beim Essen füllt, ist ein ganz anderes Lied, als das der aufgeregten Wochentags-Stimmen. Schnaufen, Scharren, Schmatzen, Schlürfen, Kleppern und Scheppern. Ein Heimat-Hörspiel.

Schorschi hat wieder als Erster den Teller leer, dann verabschiedet er sich zum Mittagsschlaf, Traudl macht sich ans Geschirr und die Töpfe. Mein Blick geht hinauf zum desorientierten Kuckuck und ich trete mit ihm in einen inneren Dialog: „Legst deine Eier in fremde Nester, wirfst Deine Stiefschwestern aus dem Nest, bist das Wappentier der Gerichtsvollzieher, du Taubenvogel, unpünktlich bist du und undankbar. Dein klagendes Rufen kann einem kalten Schauer über den Rücken jagen, und nur weil du meinst, einst Bahnhäusle-Uhr entlang der Badischen Staatseisenbahn gewesen zu sein, brauchst du dir nichts einbilden." Er antwortet mir um 14 Uhr mit dreimal „Kuckuck".

Dann gehe ich, während Traudl ihre SWR 3-Mittagsmusik mit scheppernden Töpfen und Tellern begleitet, ins Wohnzimmer hinüber und lege mich zum Mittagschlaf auf die Couch, zu der man in meiner Badischen Heimat auch „Schesslong" sagt. Der klassische Mittagschlaf, der findet auf dem „Schesslong" statt. Traudl hingegen sagt „Kanapee" zum „Schesslong", denn sie kommt aus Schwarzach, das seit der Gemeindereform 1974 auch nicht mehr Schwarzach, sondern Rheinmünster heißt. Traudl neigt dazu, ihre eigenen Begriffe und Namen zu verwenden. Das scheint in ihrer Familie zu liegen, denn kommt ihre Schwester aus Muggensturm zu Besuch, dann schläft die auf dem „Sofa". Die Muggensturmer sagen „Sofa" zum „Schesslong".

Mittagschlaf

Am nächsten Morgen sitzen wir zusammen beim Frühstück, und dann sagt die Muggensturmer Schwester: „Uff dem blede Sofa liegsch wie aufeme alte, verkautschte Schesslong." Darauf erwidert Traudl: „Des sag ich meinem Mann schon seit 20 Johr, dass mir e neue Garnitur brauche." Und ich frage dann: „Sofa-Garnitur, Couchgarnitur, a ausziehbares Gäste-Schesslong oder a Wohlfühl-Kanapee-Landschaft?" Danach diskutieren wir solange und so hitzig über die Vorteile, Nachteile, Preise, Stoffmuster, Kaltschaum oder Warmschaum, Federkern oder Taschenfederkern, zum Ausziehen oder zum Anziehen, Bockspring oder Bocksbeutel, Rind oder Schwein, Krokodil oder Ziegenbock...

Diese Diskussionen können tagelang andauern und sind so anstrengend, dass wir uns dann völlig erledigt doch wieder auf unser altes „Schesslong" legen. Es ist verrückt. Und ermüdend.

Ich falle in einen leichten Schlaf, nicht zu tief, aber doch wiederum tief genug, dass noch Platz ist für Gedanken und leichtfüßige Träume. Der Kuckuck geht mir nicht aus dem Kopf und ich erinnere mich an den Kuckuck in meinem Elternhaus. Der Ur-Kuckuck, der in Badischen Wohnstuben fast ausgestorben ist. Wir Kinder hätten uns gar nicht vorstellen können, dass es andere Wanduhren gibt. Und dass nur der Kuckuck die Zeit ruft. Wer denn sonst?

Ich würde sogar so weit gehen, zu behaupten, dass der Kuckuck mich das Zählen gelehrt hat, sofern unser Vater nicht vergessen hatte, das Uhrgetriebe aufzuziehen.

Unsere Kuckucksuhr wurde von Vater aufgezogen. Nur von Vater. Genauso wie nur Vater unseren Radio, den SABA Triberg 11, bedienen durfte. Genauso wie nur Vater den Kachelofen anmachen durfte. Und nur wir Buben Holz holen durften (mussten). Und Mutter im Auto nur die Beifahrerin sein durfte, dafür aber nur sie das Monopol hatte, den Käsekuchen zu backen.

Unser Kuckuck ist mir in Erinnerung geblieben, weil er meist Ladehemmung hatte. Irgendwas war immer. Entweder er sprang zur Unzeit aus seinem Häuschen oder er sprang gar nicht. Vater wurde wahnsinnig. „Scheiß Montagsuhr!" Am Anfang dieser missglückten Zeitrufe unseres unberechenbaren Kuckucks waren wir sehr enttäuscht, ja verärgert. Besonders Vater, weil er sich nie im Leben hätte vorstellen können, dass irgendjemand an der Schwarzwälder Präzisionsarbeit hätte zweifeln können. Doch plötzlich waren Zweifel angesagt.

Was aus Furtwangen kam, war der Ewigkeit verpflichtet. Mit der Zeit hatten wir jedoch unseren Spaß mit unserem unpünktlichen Kuckuck und konnten herzhaft lachen, wenn sich das Türchen zur Unzeit öffnete und dieser dämliche Kuckuck völlig daneben lag in seiner Zeitansage.

Regional - Digital - Brutal

Auch an dieses „Ratsch-Ratsch-Ratsch" der Uhr-Ketten kann ich mich erinnern, mit denen man die beiden gusseisernen Tannenzapfen hochzieht, um das Uhrwerk in Gang zu setzen.

Übrig geblieben ist von unserer Kuckucks-Familien-Geschichte einer der beiden gusseisernen Tannenzapfen, den ich aufbewahrt habe. Und sobald ich ihn in den Händen halte, höre ich meinen Vater fluchen. „Zum Kuckuck aber au...fixe Sägbock, Herrgott Sack Zement!" Vater war Meisterflucher. Hätte es Badische Meisterschaften in dieser Disziplin gegeben, er hätte Chancen auf einen der vorderen Plätze gehabt. Ich habe seither niemanden getroffen, der so verzweifelt und gleichzeitig herzerfrischend fluchen konnte wie unser Vater. Als Handwerker hatte er immer willkommene Anlässe zum Fluchen. Zum Beispiel beim Klassiker, wenn er sich mit dem Hammer auf den Daumen schlug. Vaters Standardfluch in solchen Momenten war: „Herrgotts Sack Zement!" Bemerkenswert finde ich, dass er den religiösen Bezug mit dem Wort „Herrgott" angedeutet hat, dann aber vom heiligen „Sakrament" (das man gewöhnlich bei diesem Fluch verwendet...Herrgott Sakrament) abwich, um in das Handwerker-Jargon überzuwechseln. Also „Sack Zement!"

Was unsere defekte Kuckucksuhr betraf, hatte er den Kuckucksfluch auf Lager. „Zum Kuckuck aber auch....!" Vater hatte für jedes Missgeschick einen speziellen Fluch parat.

War mit unserem Auto irgendetwas, das es am Fahren hinderte, oder hatte Vater beim Auflegen der Schneeketten ein Problem, hatte er den Autofluch parat: „Scheiß-Glump, verreckter Drecksbock!" War die Suppe zu heiß, verschlug es ihm die Sprache, was ihn aber nicht daran hinderte, in einer Art lautmalerischem Fluch mit vorgehaltener linker Hand verzweifelte und stimmlose Zisch- und Blasgeräusche zu erzeugen, Luft zu hecheln und stoßweise zu atmen, während die rechte Hand mit dem Löffel Zickzacklinien in die Luft schlug. Ich kann mit den Möglichkeiten, die unser Alphabet bietet, dies nur schwer in Worten darstellen. Es war bühnenreif und von einer Dramatik, die jeden von uns am Tisch erstarren ließ. Und wie in jedem Drama gibt es die Guten und die Bösen. Und die Böse, das war die Mutter, denn sie hatte die Suppe zu heiß gekocht.

Der Kuckuck

Die Kuckucksuhr von Vater Hans
ist inzwischen nicht mehr ganz
das Uhrwerk lahm, die Zeiger krumm
Gewicht zu schwer, der Kuckuck stumm

Das Holzgehäuse aus dem Leim
der Kuckuck geht ins Altersheim
die Zeit verharrt, dann bleibt sie steh'n
doch muss es bald schon weiter geh'n

Im Internet sucht Vater nun
die Seite mit dem Kuckuckshuhn
im Uhrenshop, ganz auf die Schnelle
entdeckt er günstige Modelle

Und schwuppdiwupp, da ist sie schon
die Kuckucksuhr von Amazon
nun hängt es da, das gute Stück
der Vater schwelgt im Uhrenglück

Und so wie früh'r bei Onkel Hans
macht das Vieh den Kuckuckstanz
nur rein synthetisch ist der Ton
grad so wie unser Telefon

Der Kuckuck kommt aus Ming Sing Pang
man merkt es gleich an dem Gesang
und was da aus dem Türchen guckt
ist aus China ein Produkt

Erst hat das Kind ein mords Pläsier
an dem ulkig' Kuckuckstier
dann fragt es Vater sehr geschwind
warum das Vieh im dunklen Spind

„Ja im Gefängnis, sag mir doch
der Kuckuck sitzt im dunklen Loch
darf nicht hinaus, wann er grad will
eine Stunde mäuschenstill

Kein Wasser, immer nur am Fasten
Ganz allein im Uhrenkasten
da sitzt er nun, ganz ohne Frau
Vater sag, ist das denn schlau

Sind Kuckuckskinder in dem Nest
feiert man dann Weihnachtsfest?
Zum Vogelflug, um Gottes willen
fliegt er nicht auf die Antillen?

Bei Husten, Grippe, Schnupfen
muss er da zur Tür raus hupfen?
gibt's bei größerer Tortur
für das Vieh ne Kuckucks-Kur?

Was ist mit Onkel, Tante, Neffen
wann kann er sie denn jemals treffen
kann er es zustande bringen
im Verein im Chor zu singen?"

„Jetzt frag net blöd und spring ins Bett
als ob ich nichts zu schaffen hätt'..."
dann geht das Kind mit seinen Fragen
die es weiter furchtbar plagen

Es kann nicht schlafen und steht auf
per Leiter zu der Uhr hinauf
das Türchen auf und irgendwie
befreit er gleich das Federvieh

Wie zwei heimliche Gespenster
schleichen sie zum Küchenfenster
auf damit und dann ganz sacht
wirft es den Kuckuck in die Nacht

Am Morgen schaut der Vater stur
hinauf zu seiner Kuckucksuhr
die Stunde voll, wo bleibt das Vieh
ich habe schließlich Garantie

Das Kind bleibt stumm, isst seine Brezel
nur es allein weiß um das Rätsel
„So ein Gelump'", der Vater sauer
heraus aus deinem Vogel-Bauer!"

Nun dreht er auf und tobt herum
die Kuckucksuhr bleibt weiter stumm
er droht dem Vogel mit Gericht
Vater kommt zu spät zur Schicht

Das Kind am Fenster, helle Sterne
ein Kuckucksruf ganz aus der Ferne
er ist bei Frau und bei den Neffen
die sich zum Abendliede treffen

Die Geschichte vom Sofa und seinen vielen Namen, von Vaters Flüchen und vom Kuckuck, dies alles geht mir durch den Kopf, als ich meinen sonntäglichen Mittagschlaf halte. Schließlich schlafe ich ein...

...und finde mich umsäumt von Menschentrauben am Straßenrand wieder. Feststimmung, ein Umzug, ein Aufmarsch, eine Parade. Einzelne Gruppen ziehen vorüber, und ich trete aus der Menge heraus mit einem riesigen Kehrbesen, fege Konfetti, Pferdeäpfel und Kehricht beiseite, dann ist schon die nächste Umzugsgruppe heranmarschiert und schiebt mich zur Seite. Proteinschwangere Bodybuilder mit überdimensionierten Blechinstrumenten, Gießkannen gleich, deren „Schbrenztler" nach jedem heftigen Gebläse immer wieder aufs Neue von der Tülle hopsen. Mit ihren kakophonischen Klängen führen sie diesen närrischen Wurm an, gefolgt von Hochzeitspaaren mit lila Hirschgeweihen, die sich gegenseitig mit Zwetschgen bewerfen. Das geht ja schon gut los. Gleich dahinter wird von entkräfteten Basenfastern, Hungersklaven, ein LKW-großer Irrigator gezogen, eine Einlauf-Apparatur auf Rädern, deren Schläuche sich wie verzweifelte Schwarzwälder Riesen-Regenwürmer über den Köpfen der Zuschauer schlängeln. Des träumerischen

Trugbildes nicht genug, nun trippeln als Bratwürste verkleidete Kinder im Schatten des großen Irrigators einher und werden immer wieder aufs Neue von fleißigen Erzieherinnen mit Senf bestrichen. Sodann ist es wieder an mir, mit meinem Besen die Straße zu reinigen. Schon kündigen sich exotische Südseeklänge an, bauchfreie Hula-Hula Mädchen, von sattem Hüftgold gesegnet, schrubben heimatliche Weisen auf geschrumpften Gitarren. Es geht Schlag auf Schlag. Ein fahrendes Sofa, ein Sofa-Mofa, eine Rikscha-Couch, was auch immer, auf dem Markgraf Karl Wilhelm sich räkelt und sich von seinen Tulpenmädchen die Perücke pudern lässt. Zwanghaft getrieben, die Straße sauber zu halten, versuche ich mit Besen und Kehrschaufel den Puder zusammenzukehren, werde jedoch abgedrängt von Standartenträgern, die auf ihren Stangen tropfende Elsässer Käsebrote balancieren, was mich an Chinesische Tellerakrobatik erinnert. Dazwischen Afghanische Fanfarenbläser und Syrische Fahnenschwinger, die in Landknechtsart Badische Fahnen kunstvoll in die Luft werfen und geschickt wieder fangen. Der alptraumhafte Wurm dieses Hirngespinstes scheint kein Ende zu finden. Afrikaner auf Fahrrädern in Schwarzwälder Trachten, in ihrer Fahrweise verunsichert, schwankend bis stürzend, da sämtliche Reifen Plattfüße haben. Wieder versuche ich, die Straße zu fegen, werde jedoch erneut abgedrängt von einer Tanzformation Schaumschenkel schlagender Schwimmnudeln, die mit schrillem „Ahoi!" diesen Irrsinn befeuern. Nun geht es Schlag auf Schlag. Mein Türkischer Nachbar wird ganz in Slapstick-Manier von einem mannsgroßen Bartschneider verfolgt, menschengroße Tannenzapfen hüpfen wie Gummibälle über die Straße und Rentiere ziehen an langen Seilen ein rollendes Röhrenradio, einen SABA Triberg 11, auf dem mein Vater steht und aus einem dicken Kochbuch seine 10 besten Flüche rezitiert. Und dann ist es ein gigantischer Käsekuchen, der sich zum Ende des Zuges durch die Häuserfront hindurchquetscht und aus dessen goldgelber Mitte sich eine heiße Quarkblase zum Gewölbe bläht, das umgehend in sich zusammen stürzt und sogleich wie ein schwer atmendes Tier, ein Muttertier vielleicht, eine Käsekuchin, ein Junges zur Welt bringt. Die Geburt eines Käsekuchens. Und am Ende dieses Alptraumes sind da nur noch wild kopulierende Menschenhaufen am Rand der Straße, willenlos gemacht und zu animalischer Entladung getrieben, allein durch den Duft eines frisch geschlüpften Käsekuchens.

...dann erwache ich durch die keuchende Schnappatmung unseres desorientierten Kuckucks, der mit seinen vier kläglichen „Kuckucks" den Nachmittagskaffee um Punkt 15 Uhr ankündigt.

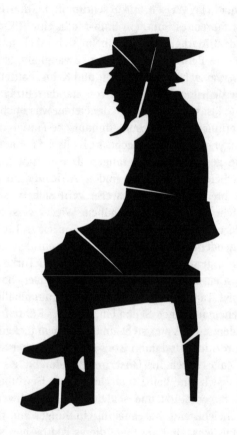

Der Alptraum des Scherenschneiders

Müde sitze ich am Tisch, und es ist mir offensichtlich anzusehen, dass ich nicht nur einen schweren Alptraum hinter mir habe, sondern auch einen 7-tägigen Schreibmarathon.

„Wir müsste' mal wieder alle drei unsere Heimat Heimat sein lasse", meint Traudl, während sie mir ein Stück Kuchen auflegt. Darauf erwidere ich „Mmh?", was nicht mehr und nicht weniger heißt, als dass ich ihre Botschaft empfangen und ihr den Eingangsstempel aufgedrückt habe. Mehr nicht.

Viele Jahre sind Traudl, Schorschi und ich zur Sommerfrische auf einen Bauernhof bei Bad Tölz gefahren. Dort anzukommen, war wie daheim ankommen. Aber eben nur wie. Schorschi ist dort quasi aufgewachsen, zwischen Rindviechern, Hühnern und Ziegen, aber eben nur quasi. Wir hatten eine Ferienwohnung. Ferien auf dem Bauernhof, aber eben nur Ferien und nicht richtiges Leben. Ferienwohnungen sind dort auf Bauernhöfen sehr zahlreich. Vermittelt allein das Wort Ferienwohnung schon das Gefühl von Geborgenheit und Daheimsein, so sind Ferienwohnungen auf Bauernhöfen die Hochpotenz eines Heimatgefühles.

Wir haben uns der einheimischen Kultur voll und ganz angepasst. Ich und Schorschi in kurzen Lederhosen, Krachlederne mit höhenverstellbarer Aufhängung, Hirschhorn-geknöpfter Zentralverriegelung, Rammschutz mit Doppelhodengitter und integriertem Notausstieg im Haferldesign. Das „Original-Trikot" (Schorschi) der Einheimischen.

Meine Traudl in einem Tölzer Vollmilch-Dirndl im Landhausstil, volle Brüstung mit üppiger Geranienbepflanzung vor der Hütte, aber drinnen eben keine Bayerin, sondern eine Badenerin. Wir drei hätten als Einheimische durchgehen können, aber eben nur dem Augenschein nach. Unser Badisches Wesen war nicht einzubayern.

Wir redeten annähernd fließend den ortsansässigen Dialekt, aber eben nur annähernd. Meine Traudl kann seither melken, Traktor fahren und sie zittert. Nur eben, dass es hier in unserer Badischen Heimat für Traudl nichts zu melken gibt, für einen Traktor fehlt uns das Feld, und wenn sie zittert, sieht es nicht gut aus.

Wir nahmen in Bayern an jedem Heimatabend teil, die Goldene Gästekarte, die ich aufbewahrt habe, belegt dies. Wir wurden von den Einheimischen toleriert, aber nicht adoptiert. Wir waren Freunde, aber eben fremde Freunde. Kaum hatten wir den Festsaal betreten, spielte die Dorfkapelle das Badnerlied, was eine sehr schöne Geste war, doch gleich nach der ersten Strophe schwenkten sie ein in die Bayernhymne, „Gott mit Dir du Land der Bayern" (Sämtliche Strophen).

Ich bin beim dritten Stück Käsekuchen, als Traudl ihren Vorschlag präzisiert.

„Weisch, mitem Flieger wegfliege."

„Nach Bad Tölz könne mir auch mit'em Auto fahre!", sage ich.

„Nein Schatz, nicht nach Bad Tölz. Du, de Schorschi und ich mit'em Flieger in die Südsee."

„Ohje Traudl, mir steckt noch de letzte Flug mit dir in de Flügel. Was soll ich denn um die halbe Welt fliege, mir an Polynesischer Tempel anglotze um dann festzustellen: Ja haltemal, Europapark Rust hat mich mehr beeindruckt. Warum soll ich mir Mallorca-Akne, Katalonisches Blähfieber oder Maledi-ven-Krätze einfange, wenn ich daheim meinen Badischen Pseudokrupp habe' kann. Du kannsch doch hinfliege, wohin du willsch. Du triffsch immer einen, dem du daheim schon aus'em Weg gehsch."

Während ich versuche, die Südsee schlecht zu reden, hat Traudl mir einen Reisekatalog auf die Tastatur gelegt und ihn dort aufgeschlagen, wo Palmen in unendliches Blau ragen und ein Fidschi-Fischer seinen Einbaum durch die Brandung steuert.

Rein zufällig! kommt Schorschi in die Küche, schnappt sich ein Stück „Käse-kuchen-to-go" und beteiligt sich an der Südseeplanung.

„Komm Vadder, mir fliege auf e Südseeinsel, solang die noch aus em Wasser guckt!"

Für Sarkasmus in unserer Familie bin eigentlich ich zuständig.

Dann sehe ich wieder auf die hochglänzende Südseeidylle und frage mich: Falls wir unsere Heimat wirklich brauchen, braucht sie auch uns? Was würde sie sagen, diese unsere Heimat, gäbe es uns nicht. Vielleicht in die Hände klatschen und freudig ausrufen: „Die Plage bin ich los!"

Wieder ist es der Kuckuck, der mit 8 Rufen mich ins Hier und Jetzt zurück-holt. 19 Uhr. Zeit für meine Abendrunde.

Dann sage ich dem unendlichen Blau auf Traudls Hochglanzbroschüre Adi-eu, den übergewichtigen Insulanerinnen, die ihre monumentalen Hüften zum „Aloha'oe" kleinbauchiger Gitarren wiegen. Den zahllosen Hibiskus-Blüten, die den Anschein haben, als würden sie hinter den Ohren und auf den Brüsten der Hula-Hula-Mädchen wachsen. Auch ihnen sage ich Adieu. Den Palmen, der Brandung, dem schneeweißen Sand...

„Also von de Bilder her g'sehe, kannsch kaum widerstehe. Aber meinsch net, Traudl, dass mir uns diesen traumhaften Eindruck der Katalog-Bilder net bes-ser bewahre sollte... und nicht durch ein 14-tägiges Life-Erlebnis versaue?"

Sieben Uhr am Abend, das siebte Kapitel habe ich nach sieben Tagen beendet. Mit meinen sieben Sinnen habe ich all das zusammengetragen, sozusagen sieben auf einen Streich.

Meine sieben Sachen, die Scheren, Messer und Stifte räume ich zusammen, nehme Kehrschaufel und Besen und fege genussvoll die letzten sieben schwarzen Papier-Schnipsel meiner Illustrationen vom Tisch.

Dann schlüpfe ich in meine Siebenmeilenstiefel und gehe mit mehr als sieben Schritten meine Runde, wie jeden Abend. Stehe sieben Minuten oberhalb vom Friedhof, um in die Ebene hinauszuschauen. Mehr nicht. Auf dem Kappler Friedhof kenne ich sieben Bewohner, die mir zu Lebzeiten recht nahe waren. So grüß' ich siebenmal und freu mich von Herzen, dass ich nicht der Achte bin.

© Casimir Katz Verlag 2018
Satz: Casimir Katz Verlag, Gernsbach
Scherenschnitte: Jörg Kräuter
Druck: Druckhaus Nomos, Sinzheim
ISBN: 978-3-938047-74-3

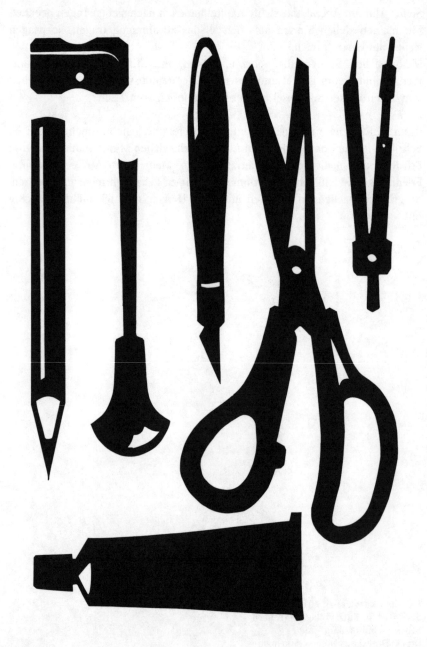

7 Sachen